MIJN ITALIAANS KOOKBOEK 2022

HEERLIJKE REGIONALE RECEPTEN VOOR BEGINNERS

LOLLI PALOMBA

INHOUDSOPGAVE

Tagliarini met pesto, Genua-stijl

Tagliarini al Pesto

Maakt 4 tot 6 porties

In Ligurië worden in de lente dunne slierten verse pasta geserveerd met pesto gegooid met slanke sperziebonen en gesneden nieuwe aardappelen. De groenten dragen de smaak van de pesto, snijden wat van de rijkdom en voegen textuur toe.

Het woord pesto betekent gestampt, en er zijn verschillende andere soorten pesto-sauzen, hoewel dit de bekendste is.

1 kop verpakte verse basilicumblaadjes

1/2 kopjes verpakte verse bladpeterselie

1/4 kopjes pijnboompitten

1 teen knoflook

Zout en versgemalen zwarte peper naar smaak

1/3 kopjes extra vergine olijfolie

1 kopje vers geraspte Parmigiano-Reggiano of Pecorino Romano

4 middelgrote vastkokende aardappelen, geschild en in dunne plakjes gesneden

8 ons dunne sperziebonen, in stukken van 1 inch gesneden

1 pond verse tagliarini of fettuccine

2 eetlepels ongezouten boter, op kamertemperatuur

1. Meng in een keukenmachine of blender de basilicum, peterselie, pijnboompitten, knoflook en een snufje zout. Hak fijn. Voeg, terwijl de machine draait, de olie in een gestage stroom toe en verwerk tot een gladde massa. Roer de kaas erdoor.

2. Breng minimaal 4 liter water aan de kook. Voeg de aardappelen en sperziebonen toe. Kook tot ze gaar zijn, ongeveer 8 minuten. Schep de groenten eruit met een schuimspaan. Leg ze in een voorverwarmde serveerschaal. Dek af en houd warm.

3. Voeg de pasta toe aan het kokende water en roer goed door. Kook op hoog vuur, onder regelmatig roeren, tot de pasta al dente is, zacht en toch stevig. Giet de pasta af, vang een deel van het kookvocht op.

4. Voeg de pasta, pesto en boter toe aan de serveerschaal met de groenten. Roer goed door elkaar en voeg een beetje kookvocht toe als de pasta droog lijkt. Serveer onmiddellijk.

Fettuccine Met Artisjokken

Fettuccine met Carciofi

Maakt 4 tot 6 porties

In de lente verschijnen op de openluchtmarkten overal in Rome karren vol artisjokken. Hun lange stengels en bladeren zitten nog vast, waardoor ze niet uitdrogen. Romeinse koks weten dat de stengels net zo lekker zijn als de artisjokharten. Ze hoeven alleen te worden geschild en kunnen direct naast de artisjokken worden gekookt of worden gehakt voor een vulling.

3 middelgrote artisjokken

¼ kopjes olijfolie

1 kleine ui, fijngesnipperd

¼ kopjes gehakte verse platte peterselie

1 teen knoflook, fijngehakt

Zout en versgemalen zwarte peper naar smaak

½ kopje droge witte wijn

1 pond verse fettuccine

Extra vergine olijfolie

1. Snijd met een groot, scherp mes de bovenste 1/2 tot 3/4 inch van de artisjokken af. Spoel artisjokken onder koud water, spreid de bladeren open. Vermijd de kleine doorns op de resterende toppen van de bladeren. Buig achterover en knip alle donkergroene bladeren af totdat je de lichtgele kegel van zachte bladeren in het midden van de artisjok bereikt. Schil de taaie buitenste schil rond de basis en stelen. Laat stelen aan de basis vast; snijd de uiteinden van de stengels af. Snijd de artisjokken in de lengte doormidden en schep de pluizige smoorspoelen eruit met een lepel. Snijd de artisjokken in dunne plakjes in de lengte.

2. Giet olie in een pan die groot genoeg is voor de gekookte pasta. Voeg ui, peterselie en knoflook toe en kook op middelhoog vuur tot de ui goudbruin is, ongeveer 15 minuten.

3. Voeg artisjokschijfjes, wijn en zout en peper naar smaak toe. Dek af en kook tot de artisjokken zacht zijn als ze met een vork worden doorboord, ongeveer 10 minuten.

4. Breng minimaal 4 liter water aan de kook. Voeg 2 eetlepels zout toe en daarna de pasta. Goed roeren. Kook op hoog vuur, onder regelmatig roeren, tot de pasta al dente is, zacht en toch stevig.

Giet de pasta af, vang een deel van het kookvocht op. Voeg de pasta toe aan de pan met de artisjokken.

5.Voeg een scheutje extra vergine olijfolie en een beetje van het achtergehouden kookwater toe als de pasta droog lijkt. Goed gooien. Serveer onmiddellijk.

Fettuccine Met Tomatenfilets

Fettuccine al Filetto di Pomodoro

Maakt 4 tot 6 porties

Stroken rijpe gepelde tomaten die nauwelijks gaar zijn, zijn heerlijk met verse fettuccine. In deze milde saus behouden de tomaten al hun zoete frisse smaak.

4 eetlepels ongezouten boter

1/4 kopjes fijngehakte ui

1 pond pruimtomaten, geschild en gezaaid en in reepjes van 2,5 cm gesneden

6 verse basilicumblaadjes

Zout naar smaak

1 pond verse fettuccine

Vers geraspte Parmigiano-Reggiano

1.Verhit in een grote koekenpan 3 eetlepels boter op middelhoog vuur tot het gesmolten is. Voeg de ui toe en kook tot ze goudbruin zijn, ongeveer 10 minuten.

2.Roer de tomatenfilets, basilicumblaadjes en een paar snufjes zout erdoor. Kook tot de tomaten zacht zijn, ongeveer 5 tot 10 minuten.

3.Breng minimaal 4 liter water aan de kook. Voeg 2 eetlepels zout toe en daarna de pasta. Goed roeren. Kook op hoog vuur, onder regelmatig roeren, tot de pasta al dente is, zacht en toch stevig. Giet de pasta af, vang een deel van het kookvocht op.

4.Voeg de fettuccine toe aan de pan samen met de resterende 1 eetlepel boter. Goed gooien. Voeg een beetje van het kookvocht toe als de pasta droog lijkt. Serveer direct met de kaas.

Fettuccine met duizend kruiden

Fettuccine alle Mille Erbe

Maakt 4 tot 6 porties

Dit is een van mijn favoriete zomerpasta's, een die ik graag maak als de kruiden in mijn tuin in volle bloei staan en de tomaten perfect rijp zijn. Het recept komt uit de Locanda dell'Amorosa, een restaurant en herberg in Sinalunga in Toscane. Daar gebruikten ze stracci, wat 'rafelig' betekent, een vorm van pasta die lijkt op pappardelle, gesneden met een geribbeld deegwiel zodat de randen gekarteld zijn. Fettuccine is een goede vervanger.

Bij het maken van deze saus komt veel hakken kijken, maar dit kan ruim voor het serveren worden gedaan. Vervang geen gedroogde kruiden door verse. Hun smaak zou te agressief zijn in deze pasta. Hoe meer soorten kruiden je gebruikt, hoe complexer de smaak, maar zelfs als je niet alle genoemde soorten gebruikt, zal het nog steeds heerlijk zijn.

¼ kopjes gehakte Italiaanse peterselie

¼ kopjes gehakte verse basilicum

¼ kopjes gehakte verse dragon

2 eetlepels gehakte verse munt

2 eetlepels gehakte verse marjolein

2 eetlepels gehakte verse tijm

8 verse salieblaadjes, fijngehakt

1 takje verse rozemarijn, fijngehakt

⅓ kopjes extra vergine olijfolie

Zout en versgemalen zwarte peper

1 pond verse fettuccine

½ kopjes vers geraspte Pecorino Romano

2 middelgrote rijpe tomaten, gepeld, ontpit en in stukjes gesneden

1.Meng in een kom die groot genoeg is om alle ingrediënten te bevatten de kruiden, olijfolie en zout en peper naar smaak. Opzij zetten.

2.Breng minimaal 4 liter water aan de kook. Voeg 2 eetlepels zout toe, daarna de pasta. Roer goed. Kook op hoog vuur, onder regelmatig roeren, tot de pasta al dente is, zacht en toch stevig. Giet de pasta af, vang een deel van het kookvocht op.

3. Voeg de pasta toe aan de kom met het kruidenmengsel en schep goed om. Voeg de kaas toe en schep opnieuw om. Verdeel de tomaten over de pasta en serveer direct.

Fettuccine met worst en room

Fettuccine met Salsiccia

Maakt 4 tot 6 porties

Geroosterde rode paprika's, stukjes worst en groene erwten raken verstrikt tussen de romige fettuccine voor een geweldige smaak in elke hap in dit recept uit Emilia-Romagna. Probeer voor dit recept vlezige varkensworstjes zonder veel kruiden te vinden.

8 ons gewone Italiaanse varkensworstjes, omhulsel verwijderd

1 kop zware of slagroom

1/2 kopjes in blokjes gesneden uitgelekte geroosterde rode paprika's

1/2 kopjes verse of bevroren kleine erwten

1 eetlepel gehakte verse bladpeterselie

Zout en versgemalen zwarte peper

1 pond verse fettuccine

1/2 kopjes vers geraspte Parmigiano-Reggiano

1.Verhit een grote koekenpan op middelhoog vuur. Voeg de worst toe en kook, onder vaak roeren om eventuele klontjes te verbreken, tot het niet meer roze is, ongeveer 5 minuten. Leg het vlees op een snijplank, laat een beetje afkoelen en hak het dan fijn.

2.Veeg de koekenpan schoon. Giet de room en de gesneden worst in de pan en breng aan de kook. Roer de geroosterde paprika, doperwten, peterselie en zout en peper naar smaak erdoor. Kook 3 minuten of tot de erwten zacht zijn. Zet het vuur uit.

3.Breng minimaal 4 liter water aan de kook. Voeg 2 eetlepels zout toe en daarna de pasta. Goed roeren. Kook op hoog vuur, onder regelmatig roeren, tot de pasta al dente is, zacht en toch stevig. Giet de pasta af, vang een deel van het kookvocht op.

4.Gooi de pasta in de pan met de saus. Voeg de kaas toe en schep opnieuw om. Roer indien nodig een beetje van het kookvocht erdoor. Serveer onmiddellijk.

Groene en witte pasta met worst en room

Paglia en Fieno

Maakt 4 tot 6 porties

Paglia e Fieno vertaalt zich letterlijk als "stro en hooi", de grillige naam in Emilia-Romagna voor dit gerecht van dunne groene en witte noedels samen gekookt. Ze zijn meestal gekleed met een romige worstsaus.

2 eetlepels ongezouten boter

8 ons gewone Italiaanse varkensworst, omhulsels verwijderd en fijngehakt

1 kop zware room

¹⁄2 kopjes verse of bevroren kleine erwten

Zout

¹⁄2 pond verse eiertagliarini

¹⁄2 pond verse spinazie tagliarini

Vers gemalen zwarte peper

¹⁄2 kopjes vers geraspte Parmigiano-Reggiano

1. In een koekenpan die groot genoeg is voor de gekookte pasta, smelt de boter op middelhoog vuur. Voeg het worstvlees toe en kook, onder regelmatig roeren, tot het vlees niet langer roze is, ongeveer 5 minuten. Niet bruin worden.

2. Roer de room en erwten erdoor en breng aan de kook. Kook 5 minuten of tot de room een beetje is ingedikt. Haal van het vuur.

3. Breng minimaal 4 liter water aan de kook. Voeg 2 eetlepels zout toe en daarna de pasta. Goed roeren. Kook op hoog vuur, onder regelmatig roeren, tot de pasta al dente is, zacht en toch stevig. Giet de pasta af, vang een deel van het kookvocht op.

4. Roer de pasta door het worstmengsel. Voeg een royale hoeveelheid zwarte peper en de kaas toe en schep goed om. Serveer onmiddellijk.

Fettuccine met Prei en Fontina

Fettuccine met Porri en Fontina

Maakt 4 tot 6 porties

De fijnste fontina kaas komt uit de Valle d'Aosta in het noordwesten van Italië. Het heeft een romige textuur en een aardse smaak die doet denken aan truffels. Het is een perfecte kaas om te eten, en het smelt goed.

4 middelgrote preien

1/2 kopje water

2 eetlepels ongezouten boter

Zout

3/4 kopjes slagroom

4 ons gesneden geïmporteerde Italiaanse prosciutto, kruiselings in dunne reepjes gesneden

Vers gemalen zwarte peper

1 pond verse fettuccine

1 kop geraspte Fontina Valle d'Aosta of Asiago

1.Snijd de groene toppen en worteluiteinden van de prei weg.
Snijd ze in de lengte doormidden en spoel ze goed af onder koud
stromend water, zodat alle gruis tussen de lagen uit komt. Giet
de prei af en snijd ze overdwars in dunne plakjes. Er moeten
ongeveer 31/2 kopjes gesneden prei zijn.

2.In een koekenpan die groot genoeg is voor de pasta, combineer
de prei, water, boter en zout naar smaak. Breng het water aan de
kook en kook op laag vuur tot de prei zacht en licht
doorschijnend is en het meeste vocht is verdampt, ongeveer 30
minuten.

3.Voeg de room toe en laat nog 2 minuten sudderen of tot het licht
ingedikt is. Roer de prosciutto en wat peper erdoor. Haal de saus
van het vuur.

4.Breng minimaal 4 liter water aan de kook. Voeg 2 eetlepels zout
toe en daarna de pasta. Goed roeren. Kook op hoog vuur, onder
regelmatig roeren, tot de pasta al dente is, zacht en toch stevig.
Giet de pasta af, vang een deel van het kookvocht op.

5.Voeg de pasta toe aan de pan met de saus en schep goed om.
Voeg een beetje kookwater toe als de pasta droog lijkt. Voeg de
fontina toe, schep opnieuw om en serveer.

Fettuccine Met Champignons En Prosciutto

Fettuccine met Funghi en Prosciutto

Maakt 4 tot 6 porties

Prosciutto is normaal gesproken flinterdun gesneden, maar als ik het aan een gekookt gerecht toevoeg, geef ik er vaak de voorkeur aan om het vlees in een enkele dikke plak te laten snijden, die ik vervolgens in smalle reepjes snij. Het behoudt zijn vorm beter en wordt niet te gaar bij blootstelling aan hitte.

4 eetlepels ongezouten boter

1 pakje (10 ons) champignons, in dunne plakjes gesneden

1 kop bevroren erwten, gedeeltelijk ontdooid

Zout en versgemalen zwarte peper

4 ons geïmporteerde Italiaanse prosciutto, in één plak van ongeveer 14 inch dik, kruiselings in dunne reepjes gesneden

1 pond verse fettuccine

1/2 kopjes slagroom

1/2 kopjes vers geraspte Parmigiano-Reggiano

1. In een koekenpan die groot genoeg is om alle ingrediënten te bevatten, smelt u de boter op middelhoog vuur. Voeg de champignons toe en kook, onder af en toe roeren, tot het champignonsap verdampt en de champignons bruin beginnen te worden, ongeveer 10 minuten.

2. Roer de erwten erdoor. Bestrooi met zout en peper en kook 2 minuten. Roer de prosciutto erdoor en zet het vuur uit. Dek af om warm te blijven.

3. Breng minimaal 4 liter water aan de kook. Voeg 2 eetlepels zout toe en daarna de pasta. Goed roeren. Kook op hoog vuur, onder regelmatig roeren, tot de pasta al dente is, zacht en toch stevig. Giet de pasta af, vang een deel van het kookvocht op.

4. Doe de pasta in de pan met de groenten en prosciutto. Draai het vuur hoog. Voeg de room en kaas toe en schep opnieuw om. Voeg wat van het kookvocht toe als de pasta droog lijkt. Serveer onmiddellijk.

Zomerse tagliatelle

Tagliatelle Estiva

Maakt 4 tot 6 porties

Alles aan deze pasta is zoet en fris, van de schijfjes kleine, verse courgette, tot de zonnig rijpe smaak van de tomaten, tot de romige milde smaak van de ricotta salata kaas. Deze geperste, stevige, droge vorm van ricotta wordt zowel als tafelkaas als om te raspen gebruikt. Vervang een milde pecorino of Parmigiano-Reggiano als je dit soort ricotta niet kunt vinden.

1 kleine ui, gesnipperd

¼ kopjes olijfolie

3 zeer kleine courgettes, in schijven van 1/4-inch gesneden

Zout

2 kopjes druiventomaten, in de lengte gehalveerd

1 kop gescheurde basilicumblaadjes

1 pond verse spinazie fettuccine

½ kopjes geraspte ricotta salata

1.In een grote koekenpan, bak de ui in de olie op middelhoog vuur 5 minuten. Voeg de courgette en zout naar smaak toe. Kook 5 minuten of tot ze zacht zijn. Roer de tomaten erdoor en kook nog 5 minuten of tot de courgette zacht is. Roer de helft van de basilicum erdoor en zet het vuur uit.

2.Breng intussen minstens 4 liter water aan de kook. Voeg 2 eetlepels zout toe en daarna de pasta. Goed roeren. Kook, vaak roerend, tot de pasta al dente is, zacht en toch stevig.

3.Giet de pasta af en meng met de saus. Voeg de kaas en de resterende 1/2 kopje basilicum toe en schep opnieuw om. Serveer onmiddellijk.

Fettuccine met champignons en ansjovissaus

Fettuccine al Funghi

Maakt 4 tot 6 porties

Zelfs degenen die normaal niet van ansjovis houden, zullen de smaakboost waarderen die ze aan deze saus geven. Hun aanwezigheid is niet duidelijk; de ansjovis smelten in de saus.

2 grote teentjes knoflook, fijngehakt

1/3 kopjes olijfolie

12 ons witte of bruin-witte champignons, zeer dun gesneden

Zout en versgemalen zwarte peper

1/2 kopje droge witte wijn

6 ansjovisfilets, fijngesneden

2 grote verse tomaten, gepeld, gezaaid en in stukjes gesneden, of 11/2 kopjes gehakte geïmporteerde Italiaanse tomaten uit blik, met hun sap

1 pond verse fettuccine

1/4 kopjes gehakte verse platte peterselie

2 eetlepels ongezouten boter

1.In een koekenpan die groot genoeg is voor alle pasta, kook de knoflook in de olie op middelhoog vuur gedurende 1 minuut.

2.Voeg de champignons toe en kook, onder vaak roeren, tot de vloeistof verdampt en de champignons bruin beginnen te worden, ongeveer 10 minuten. Roer de wijn erdoor en breng aan de kook.

3.Voeg de ansjovis en tomaten toe. Zet het vuur laag en kook 10 minuten.

4.Breng minimaal 4 liter water aan de kook. Voeg 2 eetlepels zout toe en daarna de pasta. Goed roeren. Kook op hoog vuur, onder regelmatig roeren, tot de pasta al dente is, zacht en toch stevig. Giet de pasta af, vang een deel van het kookvocht op.

5.Doe de pasta in de pan met de saus en meng goed met de peterselie. Voeg de boter toe en meng opnieuw, voeg zo nodig een beetje kookvocht toe. Serveer onmiddellijk.

Fettuccine met Sint-jakobsschelpen

Fettuccine met Canestrelli

Maakt 4 tot 6 porties

Ik maak deze pasta meestal met grote sint-jakobsschelpen. Ze zijn mollig en zoet en het hele jaar door verkrijgbaar. Kleinere sint-jakobsschelpen, die in de zomer voornamelijk in het noordoosten verkrijgbaar zijn, zijn ook uitstekend. Verwar ze niet met de smakeloze sint-jakobsschelpen die uit warm water komen. Ze worden soms doorgegeven als sint-jakobsschelpen, hoewel ze over het algemeen veel kleiner zijn en weinig smaak hebben. Bay sint-jakobsschelpen hebben een diameter van ongeveer een halve inch, met een roomwitte kleur, terwijl de calicos ongeveer een kwart inch groot en erg wit zijn.

4 grote teentjes knoflook, fijngehakt

¼ kopjes olijfolie

1 pond zeeschelpen, in stukken van 2,5 cm gesneden, of laurierschelpen, heel gelaten

Snufje gemalen rode peper

Zout

1 grote rijpe tomaat, zonder zaadjes en in blokjes gesneden

2 kopjes verse basilicumblaadjes, in 2 of 3 stukken gescheurd

1 pond verse fettuccine

1.In een koekenpan die groot genoeg is voor alle pasta, kook de knoflook in de olie op middelhoog vuur tot de knoflook licht goudbruin is, ongeveer 2 minuten. Roer de sint-jakobsschelpen, peper en zout naar smaak erdoor. Kook tot de sint-jakobsschelpen ondoorzichtig zijn, ongeveer 1 minuut.

2.Roer de tomaat en basilicum erdoor. Kook 1 minuut tot de basilicum licht geslonken is. Haal de pan van het vuur.

3.Breng minimaal 4 liter water aan de kook. Voeg 2 eetlepels zout toe en daarna de pasta. Goed roeren. Kook op hoog vuur, onder regelmatig roeren, tot de pasta al dente is, zacht en toch stevig. Giet de pasta af, vang een deel van het kookvocht op.

4.Voeg de pasta toe aan de pan. Roer goed door elkaar, voeg eventueel wat van het kookvocht toe. Serveer onmiddellijk.

Tagliarini met Garnalen en Kaviaar

Tagliarini al Gamberi en Caviale

Maakt 4 tot 6 porties

Koraalkleurige zalmkaviaar is een heerlijk contrapunt van de zoetheid van de garnalen en romige saus op deze pasta. Ik bedacht dit recept enkele jaren geleden voor een Italiaans oudejaarsfeest voor de Washington Post.

12 ons middelgrote garnalen, gepeld en ontdarmd, in stukken van 1/2 inch gesneden

1 eetlepel ongezouten boter

2 eetlepels wodka of gin

1 kop zware room

Zout en versgemalen witte peper

2 eetlepels zeer fijngehakte groene ui

1/2 theelepel verse citroenschil

1 pond verse tagliarini

3 ons zalmkaviaar

1.Smelt de boter op middelhoog vuur in een koekenpan die groot genoeg is voor alle pasta. Voeg de garnalen toe en kook, al roerend, tot ze roze en bijna gaar zijn, ongeveer 2 minuten. Schep met een schuimspaan de garnalen op een bord.

2.Voeg de wodka toe aan de pan. Kook, roer, tot de vloeistof verdampt, ongeveer 1 minuut. Voeg de room toe en breng aan de kook. Kook tot de room iets dikker wordt, ongeveer een minuut langer. Roer de garnalen erdoor en een snufje zout en peper. Voeg de groene ui en citroenschil toe. Haal van het vuur.

3.Breng minimaal 4 liter water aan de kook. Voeg 2 eetlepels zout toe en daarna de pasta. Kook, onder regelmatig roeren, tot de pasta al dente is, zacht en toch stevig. Giet de pasta af, maar bewaar een beetje van het kookvocht.

4.Giet de pasta in de pan met de saus en schep goed om op middelhoog vuur. Voeg een beetje van het kookvocht toe als de pasta droog lijkt. Verdeel de pasta over de borden. Bestrooi elke portie met een lepel kaviaar en serveer onmiddellijk.

Knapperige Pasta Met Kikkererwten, Puglia Stijl

Ceci en Tria

Maakt 4 porties

Korte reepjes verse pasta worden in Puglia en elders in Zuid-Italië soms tria genoemd. In de tiende eeuw liet de Normandische heerser van Sicilië, Roger II, een Arabische geograaf een overzicht van zijn koninkrijk maken. De geograaf, al-Idrisi, schreef dat hij mensen voedsel zag maken van meel in de vorm van draden die ze noemden met het Arabische woord voor touw, itriyah. De verkorte vorm, tria, wordt nog steeds gebruikt.

Tria zijn ongeveer net zo breed als fettuccine, maar ze zijn in lengtes van 3 inch gesneden. De pasta in dit recept krijgt een ongebruikelijke behandeling: de helft wordt op de normale manier gekookt, maar de andere helft wordt gebakken tot hij knapperig is, zoals de noedels die je in Chinese restaurants vindt. De twee worden gecombineerd in een smakelijke kikkererwtensaus. Dit is een traditioneel recept uit het zuidelijke deel van Puglia, vlakbij Lecce. Het is anders dan alle andere pastarecepten die ik in Italië heb geprobeerd.

3 eetlepels plus 1/2 kopje olijfolie

1 kleine ui, gesnipperd

1 bleekselderij, fijngesneden

1 teen knoflook, fijngehakt

11/2 kopjes gekookte of ingeblikte kikkererwten, uitgelekt

1 kop geschilde, gezaaide en gehakte tomaat

2 eetlepels fijngehakte verse bladpeterselie

2 kopjes water

Zout en versgemalen zwarte peper

12 ons verse fettuccine, gesneden in lengtes van 3 inch

1. Meng in een grote pan de 3 eetlepels olijfolie en de ui, bleekselderij en knoflook. Kook op middelhoog vuur tot het zacht is, ongeveer 5 minuten. Voeg de kikkererwten, tomaat, peterselie en water toe. Breng op smaak met peper en zout. Breng aan de kook en kook 30 minuten.

2. Zet een dienblad klaar dat bedekt is met keukenpapier. Verhit in een grote koekenpan de resterende 1/2 kop olie op middelhoog vuur. Voeg een vierde van de pasta toe en kook, al roerend, tot het blaren krijgt en licht begint te kleuren, ongeveer 4 minuten.

Schep de pasta met een schuimspaan uit de pan en laat uitlekken op de bakplaat. Herhaal met nog een kwart van de pasta.

3.Breng minimaal 4 liter water aan de kook. Voeg 2 eetlepels zout toe en daarna de rest van de pasta. Goed roeren. Kook op hoog vuur, onder regelmatig roeren, tot de pasta al dente is, zacht en toch stevig. Giet de pasta af, vang een deel van het kookvocht op.

4.Roer de gekookte pasta door de sudderende saus. Roer wat van het kookvocht erdoor als de pasta droog lijkt. Het moet op een dikke soep lijken.

5.Voeg de gebakken pasta toe aan de pan en roer. Serveer onmiddellijk.

Tagliarini met Abruzzese Chocolade Ragù

Pasta Abruzzese al Cioccolato Amaro

Maakt 4 tot 6 porties

Ik heb dit recept aangepast van een recept dat mijn vriend Al Bassano me vertelde dat hij van een Italiaanstalige website had gekregen. Ik was geïntrigeerd omdat ik nog nooit zoiets had gezien of geproefd. Ik kon niet wachten om het te proberen, en ik werd niet teleurgesteld. Een kleine hoeveelheid chocolade en kaneel voegt een subtiele rijkdom aan de saus toe.

Volgens het originele recept diende de ragù met chitarrina, een typisch Abruzzese eierpasta gemaakt op een apparaat dat bekend staat als een chitarra of 'gitaar'. De gitaar is in dit geval een eenvoudig houten frame bespannen met een rij gitaarsnaren. Een vel vers pastadeeg wordt over de touwtjes gelegd en een deegroller wordt over het deeg gerold. De strakke touwtjes snijden het deeg in vierkante spaghetti-achtige strengen. Tagliarini is een goede vervanger van de chitarrina.

1 middelgrote ui, fijngesnipperd

1/4 kopjes olijfolie

8 ons gemalen varkensvlees

Zout en versgemalen zwarte peper

1/2 kopje droge rode wijn

1 kopje tomatenpuree

1/4 kopjes tomatenpuree

1 kopje water

1 eetlepel gehakte bitterzoete chocolade

1/2 theelepel suiker

Snufje gemalen kaneel

1 pond verse tagliarini

1.In een middelgrote pan, kook de ui in de olie op middelhoog vuur tot de ui zacht en goudbruin is, ongeveer 10 minuten. Voeg het varkensvlees toe en kook, verkruimel het vlees met de achterkant van een lepel, tot het lichtbruin is. Breng op smaak met peper en zout.

2.Voeg de wijn toe en breng aan de kook. Kook tot de meeste wijn is verdampt.

3.Roer de tomatenpuree, tomatenpuree en water erdoor. Draai het vuur laag en kook 1 uur, af en toe roerend, tot de saus dik is.

4.Roer de chocolade, suiker en kaneel erdoor tot de chocolade is gesmolten. Smaak voor kruiden.

5.Breng minimaal 4 liter water aan de kook. Voeg 2 eetlepels zout toe en daarna de pasta. Goed roeren. Kook op hoog vuur, onder regelmatig roeren, tot de pasta al dente is, zacht en toch stevig. Giet de pasta af, vang een deel van het kookvocht op.

6.Meng de pasta met de saus in een grote warme serveerschaal. Voeg eventueel een beetje van het achtergehouden kookwater toe. Serveer onmiddellijk.

Lasagne in Bologna-stijl

Lasagne Bolognese

Maakt 8 tot 10 porties

Deze lasagne uit Bologna in Noord-Italië is totaal anders dan de Zuid-Italiaanse versie die dit recept volgt, hoewel beide klassiekers zijn. De Bolognese versie is gemaakt met groen getinte spinazielasagne in plaats van eierlasagne, en de enige gebruikte kaas is Parmigiano-Reggiano, terwijl de zuidelijke versie mozzarella, ricotta en Pecorino Romano heeft. Romige witte bechamelsaus is een standaard ingrediënt in de noordelijke variant, terwijl de zuidelijke variant veel meer vlees bevat. Probeer ze allebei - ze zijn even heerlijk.

3 tot 4 kopjes<u>Ragù . in Bologna-stijl</u>

3 kopjes<u>Bechamelsaus</u>

1 pond verse spinazie lasagne

Zout

11/2 kopjes vers geraspte Parmigiano-Reggiano

2 eetlepels ongezouten boter

1. Bereid de twee sauzen voor. Breng minimaal 4 liter water aan de kook. Zet een grote kom koud water klaar. Voeg aan het kokende water de helft van de lasagne en 2 eetlepels zout toe. Kook tot de pasta zacht maar lichtjes gaar is. Verwijder de pasta met een schuimspaan en leg deze in het koude water. Kook de overige lasagnereepjes op dezelfde manier. Leg de afgekoelde lasagnebladen plat op pluisvrije handdoeken.

2. Beboter een pan van 13 × 10 × 2-inch. Houd de 2 mooiste pastareepjes apart voor de bovenste laag. Houd 1/2 kopje bechamel en 1/4 kopje kaas apart. Maak een laag pasta, overlappend met de stukken. Bestrijk met dunne laagjes van de bechamel, dan de ragu, dan de kaas. Herhaal de laagjes en eindig met de pasta. Verspreid de bovenste laag met de gereserveerde 1/2 kopje bechamel. Bestrooi met de gereserveerde 1/4 kop kaas. Stip met de boter. (Als je de lasagne van tevoren maakt, dek hem dan goed af met plasticfolie en zet hem een nacht in de koelkast.)

3. Plaats een rooster in het midden van de oven. Verwarm de oven voor op 375 ° F. Bak de lasagne 45 minuten. Als de lasagne te bruin wordt, dek deze dan losjes af met folie. Bak nog 15 minuten of tot de saus borrelt en een in het midden gestoken mes er warm uitkomt. Laat 15 minuten staan voor het opdienen.

Napolitaanse lasagne

Lasagne Napolitana

Maakt 8 tot 10 porties

Wanneer ik lasagne maak, moet ik altijd denken aan mijn favoriete Italiaanse kinderfabel, Pentolin delle Lasagne, geschreven door A. Rubino en gepubliceerd in de kinderafdeling van de krant Corriere della Sera in 1932. Het is het verhaal van een man die altijd een pentolino di terracotta op zijn hoofd droeg, een aarden pot om lasagne in te koken. Hij voelde dat het hem beschermde tegen de elementen en hij stond altijd klaar om lasagne te maken in een oogwenk. Het is niet verrassend dat hij de beste lasagnemaker was in zijn land Pastacotta ("gekookte pasta"), hoewel mensen hem uitlachten vanwege zijn gekke hoofddeksel. Dankzij zijn lasagnepot en een beetje magie redde hij de inwoners van Pastacotta van een hongersnood, werd koning en leefde nog lang en gelukkig door elke zondag lasagne te maken voor iedereen in zijn koninkrijk.

Dit is lasagne zoals mijn moeder het maakte, en mijn grootmoeder voor haar. Het is ongelooflijk rijk, maar absoluut onweerstaanbaar.

Ongeveer 8 kopjes<u>Napolitaanse Ragù</u>, gemaakt met kleine gehaktballetjes

Zout

1 pond verse lasagne

2 pond hele of halfvolle ricotta

1 1/4 kopjes vers geraspte Pecorino-Romano

1 pond verse mozzarella, in dunne plakjes

1. Bereid de ragù voor. Haal de stukken vlees, gehaktballen en worstjes uit de saus. Houd het varkensvlees en het kalfsvlees apart voor een andere maaltijd. Snijd de worstjes in dunne plakjes en leg ze apart bij de gehaktballetjes voor de lasagne.

2. Leg wat pluisvrije keukenhanddoeken op een vlakke ondergrond. Zet een grote kom koud water klaar.

3. Breng ongeveer 4 liter water aan de kook. Voeg 2 eetlepels zout toe. Voeg de lasagne met een paar stukjes tegelijk toe. Kook de lasagne gaar maar lichtjes gaar. Schep de pasta uit het water. Leg de gekookte pasta in het koude water. Als de pasta voldoende afgekoeld is om te hanteren, leg je de pastavellen plat op de handdoeken. De handdoeken kunnen op elkaar worden gestapeld. Ga verder met het koken en koelen van de resterende lasagne op dezelfde manier.

4. Smeer in een pan van 13 × 9 × 2-inch een dun laagje saus. Maak een laag pasta, waarbij de stukjes iets overlappend zijn. Besmeer met 2 kopjes ricotta, dan de kleine gehaktballetjes en gesneden worstjes, dan de mozzarella. Lepel er ongeveer 1 kopje meer saus op en bestrooi met 1/4 kopje geraspte kaas.

5. Herhaal de lagen en eindig met pasta, saus en geraspte kaas. (Als je de lasagne van tevoren maakt, dek hem dan goed af met plasticfolie en zet hem een nacht in de koelkast.)

6. Plaats een rooster in het midden van de oven. Verwarm de oven voor op 375 ° F. Bak de lasagne 45 minuten. Als de lasagne te bruin wordt, dek deze dan losjes af met folie. Bak nog 15 minuten of tot de bovenkant bruin is en de saus aan de randen borrelt.

7. Haal de lasagne uit de oven en laat 15 minuten opstijven. Snijd de lasagne in vierkanten en serveer.

Spinazie en Champignon Lasagne

Lasagne van Funghi en Spinaci

Maakt 8 tot 10 porties

Parma is de hemel voor pastaliefhebbers. Gewikkeld rond smakelijke vullingen, gegooid met sauzen of gelaagd met verschillende ingrediënten, lijkt de pasta daar licht als lucht en altijd heerlijk. Dit gerecht is gebaseerd op mijn herinnering aan een hemelse romige lasagne die ik jaren geleden in Parma heb gegeten.

3 kopjes<u>Bechamelsaus</u>

1 pond verse spinazie, bijgesneden

Zout

5 eetlepels ongezouten boter

1 kleine ui, fijngesnipperd

11/2 pond champignons, gehakt

1 pond verse lasagne

11/2 kopjes vers geraspte Parmigiano-Reggiano

1.Bereid de bechamelsaus. Plaats vervolgens de spinazie in een grote pan met 1/2 kopje water. Voeg een snufje zout toe. Dek af en kook op middelhoog vuur tot de spinazie zacht is, ongeveer 5 minuten. Laat de spinazie goed uitlekken. Laten afkoelen. Wikkel de spinazie in een handdoek en knijp erin om zoveel mogelijk sap te extraheren. Hak de spinazie fijn en zet apart.

2.Smelt in een grote koekenpan vier eetlepels boter op middelhoog vuur. Voeg de ui toe en kook, af en toe roerend, tot ze zacht zijn, ongeveer 5 minuten.

3.Roer de champignons en peper en zout naar smaak erdoor. Kook, onder regelmatig roeren, tot alle vloeistof is verdampt en de champignons zacht zijn. Roer de gehakte gekookte spinazie erdoor.

4.Houd 1/2 kopje van de bechamelsaus apart. Roer de rest door het groentemengsel.

5.Zet een grote kom koud water klaar. Leg wat pluisvrije keukenhanddoeken op een werkvlak.

6.Breng een grote pan water aan de kook. Voeg 2 eetlepels zout toe. Voeg de lasagne met een paar stukjes tegelijk toe. Kook de lasagne gaar maar lichtjes gaar. Schep de pasta uit het water. Leg de gekookte pasta in het koude water. Als de pasta voldoende afgekoeld is om te hanteren, leg je de pastavellen plat op de handdoeken, die op elkaar kunnen worden gestapeld. Ga verder met het koken en koelen van de resterende lasagne op dezelfde manier.

7. Beboter een pan van 13 × 9 × 2-inch. Houd de 2 mooiste pastareepjes apart voor de bovenste laag. Maak een laag pasta in de voorbereide pan, overlappend met de stukken. Besmeer met een dun laagje van de groenten en een snufje kaas. Herhaal de laagjes en eindig met de pasta. Besmeer met gereserveerde bechamel. Bestrooi met de resterende kaas. Bestrijk met de resterende boter.

8. Verwarm de oven voor op 375 ° F. Bak 45 minuten. Als de lasagne te bruin wordt, dek deze dan losjes af met folie. Bak nog 15 minuten of tot de bovenkant bruin is en de saus aan de rand borrelt. Haal uit de oven en laat 15 minuten staan alvorens te serveren. Snijd in vierkanten om te serveren.

Groene Lasagne

Lasagne Verde

Maakt 8 tot 10 porties

Groene lasagne-noedels zijn gelaagd met ham, champignons, tomaten en bechamelsaus. Om dit vleesloos te maken, verwijder je gewoon de ham.

3 kopjes<u>Bechamelsaus</u>

1 ons gedroogde porcini-paddenstoelen

2 kopjes heet water

4 eetlepels ongezouten boter

1 eetlepel olijfolie

1 teen knoflook, fijngehakt

12 ons witte champignons, gehakt

1/2 theelepel gedroogde marjolein of tijm

Zout en versgemalen zwarte peper

1 kop geschilde, gezaaide en gehakte verse tomaten of ingeblikte geïmporteerde Italiaanse tomaten, uitgelekt en in stukjes gesneden

8 ons gesneden gekookte ham, gehakt

1 1/4 kopjes vers geraspte Parmigiano-Reggiano

1 1/4 pond groene lasagne

1. Bereid de bechamelsaus. Doe de gedroogde paddenstoelen in het water en laat 30 minuten weken. Haal de champignons uit de kom en bewaar het vocht. Spoel de paddenstoelen onder koud stromend water om alle gruis te verwijderen, let vooral op de uiteinden van de stengels waar de aarde zich ophoopt. Hak de champignons grof. Zeef de paddenstoelenvloeistof door een papieren koffiefilter in een kom.

2. Smelt in een grote koekenpan twee eetlepels boter met de olie op middelhoog vuur. Voeg de knoflook toe en bak een minuut. Voeg de verse en gedroogde champignons, marjolein en zout en peper naar smaak toe. Kook, af en toe roerend, gedurende 5 minuten. Voeg de tomaten en het gereserveerde champignonvocht toe en kook tot ze ingedikt zijn, ongeveer 10 minuten langer.

3. Zet een grote kom koud water klaar. Leg wat pluisvrije keukenhanddoeken op een werkvlak.

4. Breng minimaal 4 liter water aan de kook. Voeg 2 eetlepels zout toe. Voeg de lasagne met een paar stukjes tegelijk toe. Kook de lasagne gaar maar lichtjes gaar. Schep de pasta uit het water. Leg de gekookte pasta in het koude water. Als de pasta voldoende afgekoeld is om te hanteren, leg je de pastavellen plat op de handdoeken, die op elkaar kunnen worden gestapeld. Ga verder met het koken en koelen van de resterende lasagne op dezelfde manier.

5. Beboter een pan van 13 × 9 × 2-inch. Houd de 2 mooiste pastareepjes apart voor de bovenste laag. Houd 1/2 kopje bechamel en 1/4 kopje kaas apart. Maak een laag pasta, overlappend met de stukken. Besmeer met een dun laagje van de bechamel, champignonsaus, ham en kaas. Herhaal de laagjes en eindig met de pasta. Smeer met gereserveerde bechamel. Bestrooi met de resterende kaas. Bestrijk met de resterende boter.

6. Plaats een rooster in het midden van de oven. Verwarm de oven voor op 375 ° F. Bak de lasagne 45 minuten. Als de lasagne te bruin wordt, dek deze dan losjes af met folie. Ontdek en bak nog 15 minuten of tot de bovenkant bruin is en de saus aan de randen borrelt. Laat 15 minuten staan voor het opdienen. Snijd in vierkanten om te serveren.

Groene Lasagne Met Ricotta, Basilicum En Tomatensaus

Lasagne Verde met Ricotta, Basilico en Marinara

Maakt 8 tot 10 porties

Mijn grootmoeder maakte altijd de lasagne op Napolitaanse wijze, maar af en toe verraste ze ons met deze vleesloze versie, vooral in de zomer wanneer een typische vleesragù te zwaar leek.

Alleen al de gedachte aan deze lasagne maakt me hongerig. De geur van de basilicum, de rijkdom van de kaas en de zoetheid van de tomatensaus is een combinatie die ik verleidelijk vind. Het is ook een prachtig gerecht, met zijn lagen rood, groen en wit.

5 tot 6 kopjes <u>Marinarasaus</u> of <u>Verse Tomatensaus</u>

Zout en versgemalen zwarte peper

1¼ pond verse groene lasagne

2 pond verse halfvolle ricotta

1 ei, licht geklopt

1 kopje vers geraspte Parmigiano-Reggiano of Pecorino Romano

8 ons verse mozzarella kaas, in dunne plakjes gesneden

1 grote bos basilicum, gestapeld en in smalle linten gesneden

1. Maak eventueel de saus klaar. Zet dan een grote kom met koud water klaar. Leg wat pluisvrije keukenhanddoeken op een werkvlak.

2. Breng minimaal 4 liter water aan de kook. Voeg 2 eetlepels zout toe. Voeg de lasagne met een paar stukjes tegelijk toe. Kook de lasagne gaar maar lichtjes gaar. Schep de pasta uit het water. Leg de gekookte pasta in het koude water. Als de pasta voldoende afgekoeld is om te hanteren, leg je de pastavellen plat op de handdoeken, die op elkaar kunnen worden gestapeld. Ga verder met het koken en koelen van de resterende lasagne op dezelfde manier.

3. Klop in een kom de ricotta, het ei en peper en zout naar smaak.

4. Smeer in een pan van 13 × 9 × 2-inch een dun laagje saus. Plaats twee van de lasagne in de pan in een enkele laag, iets overlappend. Verdeel gelijkmatig met de helft van het ricottamengsel en bestrooi met 2 eetlepels geraspte kaas. Verdeel een derde van de plakjes mozzarella erover.

5. Maak een tweede laag lasagne en besmeer deze met saus.
Verdeel de basilicum erover. Beleg met de kazen zoals hierboven
beschreven. Herhaal dit voor een derde laag. Maak een laatste
laag lasagne, saus, mozzarella en geraspte kaas. (Kan tot dit punt
van tevoren worden gemaakt. Dek af met plasticfolie en zet
enkele uren of een nacht in de koelkast.)

6. Plaats een rooster in het midden van de oven. Verwarm de oven
voor op 375 ° F. Bak de lasagne in 45 minuten gaar. Als de
lasagne te bruin wordt, dek deze dan losjes af met folie. Bak nog
15 minuten of tot de bovenkant bruin is en de saus aan de
randen borrelt. Laat 15 minuten staan. Snijd in vierkanten en
serveer.

Aubergine Lasagne

Lasagne met Parmigiana

Maakt 8 tot 10 porties

Mijn vriendin Donatella Arpaia, die de zomers van haar kinderjaren met haar familie in Italië doorbracht, herinnert zich een favoriete tante die 's morgens vroeg lasagne met verse groenten maakte om later op de dag mee te nemen naar het strand voor de lunch. De pan was zorgvuldig in handdoeken gewikkeld en de inhoud zou nog warm zijn als ze gingen eten.

Deze versie lijkt op aubergine Parmezaanse kaas, met de toevoeging van verse lasagne-noedels. Het is perfect voor een zomers buffet of om vegetariërs te serveren.

2 middelgrote aubergines (ongeveer 1 pond elk)

Zout

Olijfolie

1 middelgrote ui, fijngesnipperd

5 pond verse pruimtomaten, geschild, gezaaid en gehakt, of 2 (28-ounce) blikken geïmporteerde Italiaanse gepelde tomaten, uitgelekt en in stukjes gesneden

Vers gemalen zwarte peper

2 eetlepels gehakte verse bladpeterselie

2 eetlepels gehakte verse basilicum

1 pond verse lasagne

1 pond verse mozzarella, in vieren gedeeld en in dunne plakjes gesneden

1 kopje vers geraspte Parmigiano-Reggiano

1.Schil de aubergines en snijd ze in dunne plakjes. Bestrooi de plakjes met zout en leg ze in een vergiet op een bord. Laat minimaal 30 minuten staan. Spoel de aubergine af in koud water en dep droog.

2.Plaats een rooster in het midden van de oven. Verwarm de oven voor op 400 ° F. Bestrijk de aubergineplakken aan beide kanten royaal met olie. Leg de plakjes op grote bakplaten. Bak de aubergines 30 minuten, of tot ze zacht en lichtbruin zijn.

3.In een grote pan, kook de ui in 1/3 kopje olijfolie op middelhoog vuur, al roerend, tot ze zacht maar niet bruin zijn, ongeveer 10 minuten. Voeg de tomaten en peper en zout naar smaak toe. Breng aan de kook en kook tot het licht ingedikt is, ongeveer 15 tot 20 minuten. Roer de basilicum en peterselie erdoor.

4. Leg wat pluisvrije keukenhanddoeken op een werkvlak. Zet een grote kom koud water klaar. Breng minimaal 4 liter water aan de kook. Voeg 2 eetlepels zout toe. Kook de lasagnereepjes een paar stukjes tegelijk. Verwijder de strips na een minuut of als ze nog stevig zijn. Leg ze in de kom met water om af te koelen. Leg ze vervolgens plat op de handdoeken. Herhaal, kook en koel de resterende pasta op dezelfde manier; de handdoeken kunnen op elkaar worden gestapeld.

5. Vet een lasagnepan van 13 × 9 × 2-inch licht in. Smeer een dun laagje saus in de pan.

6. Maak een laag pasta, waarbij de stukken licht overlappend zijn. Besmeer met een dun laagje saus, dan plakjes aubergine, mozzarella en geraspte kaas. Herhaal de laagjes en eindig met pasta, tomatensaus en geraspte kaas. (Kan tot 24 uur van tevoren worden gemaakt. Dek af met plasticfolie en zet in de koelkast. Haal het ongeveer 1 uur voor het bakken uit de koelkast.)

7.Verwarm de oven voor op 375 ° F. Bak 45 minuten. Als de
lasagne te bruin wordt, dek deze dan losjes af met folie. Bak nog
15 minuten of tot de bovenkant bruin is en de saus aan de
randen borrelt. Haal uit de oven en laat 15 minuten staan
alvorens te serveren. Snijd in vierkanten om te serveren.

Cannelloni met ricotta en ham

Cannelloni al Prosciutto

Maakt 8 porties

Ricotta betekent 'opnieuw gekookt'. Deze verse kaas wordt in Italië gemaakt van koe- of schapenmelkwei, de waterige vloeistof die overblijft na het maken van een stevige kaas, zoals pecorino. Wanneer de wei wordt verwarmd, coaguleren de resterende vaste stoffen. Na het uitlekken wordt de wrongel omgevormd tot de zachte kaas die we kennen als ricotta. Italianen eten het als ontbijt- of dessertkaas en in veel pastagerechten. Dit is een cannelloni in Zuid-Italiaanse stijl gevuld met ricotta en reepjes prosciutto. Alle tomatensauzen kunnen bij deze pasta worden gebruikt, maar als je de voorkeur geeft aan een rijker gerecht, kun je een vleesrag vervangen.

1 receptVerse Eierpasta, in vierkantjes van 4 inch gesneden voor cannelloni

1 recept (ongeveer 3 kopjes)Verse TomatensausofToscaanse Tomatensaus

Zout

1 pond verse mozzarella

1 (16-ounce) container, hele of halfvolle ricotta

¹/2 kop gehakte geïmporteerde Italiaanse prosciutto (ongeveer 2 ons)

1 groot ei, losgeklopt

³/4 kopjes vers geraspte Parmigiano-Reggiano

Vers gemalen zwarte peper

1.Maak de pasta en saus klaar. Leg wat pluisvrije
keukenhanddoeken op een vlakke ondergrond. Zet een grote
kom koud water klaar. Breng ongeveer 4 liter water aan de
kook. Voeg zout naar smaak toe. Voeg de pastavierkanten met
een paar stukjes tegelijk toe. Kook de pasta gaar maar lichtjes
gaar. Schep de pasta uit het water en leg deze in het koude
water. Als de pasta voldoende afgekoeld is om te hanteren, leg je
de pastavellen plat op de handdoeken, die op elkaar kunnen
worden gestapeld. Ga door met het koken en koelen van de
resterende pasta op dezelfde manier.

2.Meng in een grote kom de mozzarella, ricotta, prosciutto, ei en
1/2 kopje Parmigiano. Meng goed en voeg naar smaak peper en
zout toe.

3.Lepel een dun laagje saus op de bodem van een grote
ovenschaal. Verdeel ongeveer 2 eetlepels van de vulling aan het
ene uiteinde van elk pastavierkant. Rol de pasta op, te beginnen

met het gevulde uiteinde, en leg de broodjes met de naad naar beneden in de voorbereide pan.

4.Lepel een dun laagje saus over de pasta. Bestrooi met de resterende Parmigiano.

5.Plaats een rooster in het midden van de oven. Verwarm de oven voor op 375 ° F. Bak 30 minuten of tot de saus borrelt en de kazen zijn gesmolten. Heet opdienen.

Kalfsvlees en Spinazie Cannelloni

Cannelloni van Vitello en Spinaci

Maakt 8 porties

Cannelloni lijkt altijd zo elegant, maar toch zijn ze een van de gemakkelijkste gevulde pasta's om thuis te maken. Deze klassieke versie uit Piemonte wordt meestal gemaakt met overgebleven geroosterd of gestoofd kalfsvlees. Dit is mijn versie van een recept van Giorgio Rocca, eigenaar van Il Giardino da Felicin, een gezellige herberg en restaurant in Monforte d'Alba.

3 tot 4 kopjes<u>Bechamelsaus</u>

1 pond verse spinazie

2 eetlepels ongezouten boter

2 pond kalfsvlees zonder been, in stukken van 2 inch gesneden

2 middelgrote wortelen, in stukjes

1 malse bleekselderij, fijngesneden

1 middelgrote ui, gesnipperd

1 teen knoflook, fijngehakt

Zout en versgemalen zwarte peper

Snufje versgemalen nootmuskaat

11/2 kopjes vers geraspte Parmigiano-Reggiano

11/2 pondVerse Eierpasta, in vierkantjes van 4 inch gesneden voor cannelloni

1.Bereid de bechamelsaus.

2.Doe de spinazie in een grote pan op middelhoog vuur met 1/4 kopje water. Dek af en kook 2 tot 3 minuten of tot ze geslonken en zacht zijn. Giet af en laat afkoelen. Wikkel de spinazie in een pluisvrije doek en knijp er zoveel mogelijk water uit. Hak de spinazie fijn.

3.Smelt de boter in een grote koekenpan op middelhoog vuur. Voeg het kalfsvlees, de wortel, de bleekselderij, de ui en de knoflook toe. Breng op smaak met peper en zout en een snufje nootmuskaat. Dek af en kook, af en toe roerend, tot het vlees heel zacht is, ongeveer 1 uur. Als het vlees droog wordt, voeg dan een beetje water toe. Laten afkoelen. Hak het mengsel op een snijplank met een groot mes of in een keukenmachine heel fijn. Schraap het vlees en de spinazie in een kom en voeg 1 kopje bechamel en 1 kopje Parmigiano toe. Goed mengen en op smaak brengen.

4. Maak ondertussen de pasta klaar. Leg wat pluisvrije keukenhanddoeken op een vlakke ondergrond. Zet een grote kom koud water klaar. Breng ongeveer 4 liter water aan de kook. Voeg 2 eetlepels zout toe. Voeg de pastavierkanten met een paar stukjes tegelijk toe. Kook de pasta gaar maar lichtjes gaar. Schep de pasta uit het water en leg deze in het koude water. Als de pasta voldoende afgekoeld is om te hanteren, leg je de pastavellen plat op de handdoeken, die op elkaar kunnen worden gestapeld. Ga door met het koken en koelen van de resterende pasta op dezelfde manier.

5. Schep de helft van de overgebleven bechamel in een dunne laag in een grote bakvorm. Verdeel ongeveer twee eetlepels van de vulling aan het ene uiteinde van elk pastavierkant en rol het op, beginnend bij het gevulde uiteinde. Leg de pastarol met de naad naar beneden in de voorbereide pan. Herhaal dit met de overige pasta en vulling, waarbij je de rolletjes dicht bij elkaar in de pan schikt. Schep de resterende saus erop en bestrooi met de resterende 1/2 kopje Parmigiano. (Kan tot 24 uur van tevoren worden gemaakt. Dek af met plasticfolie en zet in de koelkast. Haal het ongeveer 1 uur voor het bakken uit de koelkast.)

6.Plaats een rooster in het midden van de oven. Verwarm de oven voor op 375 ° F. Bak 30 minuten of tot de cannelloni is verwarmd en licht goudbruin. Heet opdienen.

Groene en witte cannelloni

Cannelloni alla Parmigiana

Maakt 8 porties

Als u de regio Emilia-Romagna bezoekt, stop dan zeker in Parma. Dit elegante stadje, de geboorteplaats van de grote dirigent Arturo Toscanini, staat bekend om zijn verfijnde keuken. Veel van de gebouwen van de stad zijn geschilderd in een zonnige gele kleur, bekend als Parma-goud. Parma heeft veel goede restaurants waar u voortreffelijke handgerolde pasta, gerijpte Parmigiano-Reggiano en de beste balsamico-azijn kunt proeven. Ik at deze cannelloni bij Angiol d'Or, een klassiek restaurant in Parma.

1 pondVerse Spinazie Pasta, in vierkantjes van 4 inch gesneden voor cannelloni

2 kopjesBechamelsaus

8 ons verse spinazie, bijgesneden

Zout

1 pond hele of halfvolle ricotta

2 grote eieren, licht geklopt

11⁄2 kopjes vers geraspte Parmigiano-Reggiano

1⁄4 theelepel vers geraspte nootmuskaat

Vers gemalen zwarte peper

4 ons Fontina Valle d'Aosta, grof geraspt

1.Bereid pasta en bechamelsaus. Doe de spinazie in een grote pan op middelhoog vuur met 1/4 kopje water. Dek af en kook 2 tot 3 minuten of tot ze geslonken en zacht zijn. Giet af en laat afkoelen. Wikkel de spinazie in een pluisvrije doek en knijp er zoveel mogelijk water uit. Hak de spinazie fijn.

2.Leg wat pluisvrije keukenhanddoeken op een vlakke ondergrond. Zet een grote kom koud water klaar. Breng ongeveer 4 liter water aan de kook. Voeg 2 eetlepels zout toe. Voeg de pastavierkanten met een paar stukjes tegelijk toe. Kook de pasta gaar maar lichtjes gaar. Schep de pasta uit het water en leg deze in het koude water. Als de pasta voldoende afgekoeld is om te hanteren, leg je de pastavellen plat op de handdoeken, die op elkaar kunnen worden gestapeld. Ga door met het koken en koelen van de resterende pasta op dezelfde manier.

3.Roer de spinazie, ricotta, eieren, 1/2 kopje Parmigiano, de nootmuskaat en zout en peper naar smaak door elkaar. Roer de fontina erdoor.

4.Plaats een rooster in het midden van de oven. Verwarm de oven voor op 375 ° F. Beboter een ovenschaal van 13 × 9 × 2-inch.

5.Verdeel ongeveer 1/4 kop van de vulling aan het ene uiteinde van elk pastavierkant. Rol de pasta op, te beginnen met het gevulde uiteinde. Leg de cannelloni met de naad naar beneden in de pan.

6.Verdeel de saus over de pasta. Bestrooi met de resterende 1 kopje Parmigiano. Bak 20 minuten of tot ze lichtbruin zijn.

Cannelloni met Dragon en Pecorino

Cannelloni van Ricotta al Dragoncello

Maakt 6 porties

Dragon, met zijn milde dropsmaak, wordt in Italië niet veel gebruikt, behalve af en toe in Umbrië en Toscane. Verse dragon is essentieel voor dit recept, omdat gedroogde dragon te assertief zou zijn. Als je de verse dragon niet kunt vinden, vervang dan verse basilicum of peterselie.

Deze cannelloni in Umbrische stijl zijn gemaakt met schapenkaas, zoals Pecorino Romano, maar Parmigiano-Reggiano kan worden vervangen. Ondanks de kaas, noten en pasta lijken deze cannelloni licht als lucht.

½ recept (ongeveer 8 ons)Verse Eierpasta, in vierkantjes van 4 inch gesneden voor cannelloni

Zout

1 pond hele of halfvolle ricotta

½ kopjes versgemalen Pecorino Romano, of vervangende Parmigiano-Reggiano

1 ei, losgeklopt

1 eetlepel gehakte verse dragon of basilicum

¹⁄4 theelepel gemalen nootmuskaat

2 eetlepels ongezouten boter

¹⁄4 kopjes extra vergine olijfolie

¹⁄4 kopjes pijnboompitten

1 eetlepel dragon of basilicum

Vers gemalen zwarte peper

2 eetlepels vers geraspte Pecorino Romano

1.Bereid de pasta voor. Breng minimaal 4 liter water aan de kook. Voeg de helft van de pasta en zout naar smaak toe. Roer voorzichtig. Kook op hoog vuur, onder regelmatig roeren, tot de pasta zacht maar lichtjes gaar is. Gebruik een schuimspaan om de pasta te verwijderen. Breng de pasta over in een kom met koud water. Kook de overige pasta op dezelfde manier.

2.Roer in een grote kom de kazen, het ei, de dragon en de nootmuskaat door elkaar.

3.Plaats een rooster in het midden van de oven. Verwarm de oven voor op 350 ° F. Boter een grote ovenschaal.

4.Laat een paar pastavierkanten uitlekken op pluisvrije handdoeken. Verspreid ongeveer 2 eetlepels van de vulling in een lijn aan het ene uiteinde van elk pastavierkant. Rol de pasta op, te beginnen met het gevulde uiteinde, en leg deze met de naad naar beneden in de pan. Herhaal met de resterende pasta en vulling.

5.Smelt in een kleine steelpan op middelhoog vuur de boter met de olijfolie. Roer de pijnboompitten, dragon en peper erdoor. Lepel de saus over de cannelloni. Bestrooi met de kaas.

6.Bak de cannelloni 20 tot 25 minuten of tot de saus borrelt. Laat 5 minuten rusten alvorens te serveren.

Kaasravioli met verse tomatensaus

Ravioli alla Ricotta

Maakt 8 porties

Kookwinkels verkopen allerlei soorten apparatuur om ravioli te maken. Ik heb een metalen dienbladachtig apparaat dat indruk maakt op pastavellen met een reeks buiken om de vulling vast te houden, en vervolgens omklapt om de perfecte ravioli in twee maten te verzegelen en uit te snijden. Ik heb mooie koperen en houten stempels die ik in Parma heb gekocht om vierkanten en cirkels uit te snijden. Dan is er de slimme houten deegroller die ravioli uitsnijdt als je erop drukt met de kracht van Hercules, en de ravioli-uitsteker die bij mijn handgebogen pastamachine werd geleverd. Hoewel ik ze allemaal heb geprobeerd, gebruik ik ze nooit. De eenvoudigste manier om ravioli te maken is met de hand en met minimale apparatuur. Een bladerdeegwiel met golvende rand geeft ze een mooie rand, maar je kunt ze ook snijden met een scherp mes of pizzawiel. Ze zien er misschien niet perfect uit, maar dat maakt deel uit van hun zelfgemaakte charme,

Dit is een basisrecept voor met kaas gevulde ravioli zoals het in veel regio's van Italië wordt gemaakt.

1 pond hele of halfvolle ricotta

4 ons verse mozzarella, grof geraspt of zeer fijn gesneden

1 groot ei, losgeklopt

1 kopje vers geraspte Parmigiano-Reggiano of Pecorino Romano

2 eetlepels gehakte verse peterselie

Zout en versgemalen zwarte peper naar smaak

4 kopjesVerse Tomatensaus

1 pondVerse Eierpasta, uitgerold en in reepjes van 4 inch gesneden

1.Meng de ricotta, mozzarella, ei, 1/2 kopje Parmigiano, peterselie en zout en peper naar smaak. Dek af en zet in de koelkast.

2.Bereid de saus en pasta voor. Bestuif 2 of 3 grote bakplaten met bloem. Zet een kleine kom gevuld met koud water klaar.

3.Leg een strook deeg op een licht met bloem bestoven oppervlak. Vouw het in de lengte dubbel om het midden te markeren en vouw het vervolgens open. Begin ongeveer 2,5 cm van een van de korte uiteinden en plaats theelepels vulling ongeveer 2,5 cm uit elkaar in een rechte rij langs een kant van de vouw. Borstel de vulling lichtjes met het koude water. Vouw het deeg over de kant met vulling. Druk eventuele luchtbellen eruit en plak de randen dicht. Gebruik een geribbeld deegwiel of een scherp mes om tussen de met deeg bedekte hopen vulling te snijden. Haal de ravioli uit elkaar en druk de randen stevig aan met de achterkant van een vork om ze dicht te maken. Leg de ravioli in een enkele laag op een bakplaat.

4.Herhaal met het resterende deeg en de vulling. Dek af met een handdoek en zet in de koelkast tot ze klaar zijn om te koken, of tot 3 uur, draai de stukjes meerdere keren zodat ze niet aan de pan blijven plakken. (Om ze langer te bewaren, bevriest u de ravioli op de bakplaten tot ze stevig zijn. Plaats ze in een stevige plastic zak en sluit ze goed af. Bewaar in de vriezer tot een maand. Niet ontdooien voor het koken.)

5.Breng vlak voor het serveren ongeveer 4 liter water aan de kook in een grote pan. Verwarm ondertussen de saus in een middelgrote pan op laag vuur. Schenk een deel van de saus in een verwarmde serveerschaal.

6.Zet het vuur onder de pastapan laag zodat het water zachtjes kookt. Voeg de ravioli toe en kook tot ze gaar zijn, 2 tot 5 minuten, afhankelijk van de dikte van de ravioli en of ze al dan niet bevroren waren. Schep de ravioli met een schuimspaan uit de pan. Goed laten uitlekken.

7.Doe de ravioli in de serveerschaal. Giet de resterende saus erover. Bestrooi met de resterende 1/2 kop kaas en serveer onmiddellijk.

Parma-Style Spinazie en Kaas Ravioli

Tortelli alla Parmigiana

Maakt 8 porties

Hoewel met ricotta gevulde ravioli waarschijnlijk het populairst zijn in Italië, is een vergelijkbare versie met gekookte groenten ook favoriet. Spinazie of snijbiet zijn de meest gebruikte groenten, maar afhankelijk van de regio worden ook escarole, paardenbloem, bietengranen en bernagie gebruikt.

In dit recept uit Parma wordt een deel van de ricotta vervangen door mascarpone en is snijbiet het typische groen. Ooit was het traditioneel om deze te serveren voor Sint-Jansdag, 21 juni. Merk op dat de Parmigiani deze tortelli noemen.

1 pond verse spinazie of snijbiet, stelen verwijderd

Zout

1 kop hele of halfvolle ricotta

1 kopje mascarpone (of een extra kopje ricotta)

1 groot ei, losgeklopt

1 kopje vers geraspte Parmigiano-Reggiano

Snufje versgemalen nootmuskaat

Vers gemalen zwarte peper

1 receptVerse Eierpasta, uitgerold en in reepjes van 4 inch gesneden

8 eetlepels (1 stok) ongezouten boter

1.Plaats de greens in een grote pan met 1/2 kopje water en zout
naar smaak. Dek af en kook op middelhoog vuur tot de groente
geslonken en zacht is, ongeveer 5 minuten. Giet af en laat
afkoelen. Wikkel de greens in een pluisvrije theedoek of een stuk
kaasdoek en knijp er met je handen in om al het sap eruit te
halen. Hak de greens fijn.

2.Roer in een grote kom de gehakte groenten, ricotta, mascarpone
indien gebruikt, het ei, 1/2 kopje geraspte kaas, nootmuskaat en
zout en peper naar smaak door elkaar.

3.Bereid de pasta voor. Maak en kook de ravioli zoals beschreven
in het recept voorKaas Ravioli, stappen 2 tot 6.

4.Smelt, terwijl de ravioli kookt, de boter op middelhoog vuur. Giet
de helft van de boter in een serveerschaal. Voeg de ravioli en de
resterende gesmolten boter toe.

5.Bestrooi met de resterende 1/2 kop Parmigiano en serveer onmiddellijk.

Winterpompoenravioli met boter en amandelen

Tortelli di Zucca al Burro en Mandorle

Maakt 8 porties

In de herfst en winter, wanneer er veel winterpompoenen op de markt zijn, maken koks in Lombardije en Emilia-Romagna deze lichtzoete ravioli met accenten van de amandelsmaak van amarettikoekjes. Het recept is erg oud, waarschijnlijk daterend uit de Renaissance, toen zoete gerechten vaak tijdens een maaltijd op aristocratische tafels verschenen als een teken van rijkdom.

Sommige recepten vragen om het toevoegen van een lepel uitgelekte, fijngehakte mostarda - fruit bewaard in een pittige mosterdsiroop - aan het pompoenmengsel. Geroosterde amandelen voegen een mooie crunch toe aan de topping.

Ongeveer 2 pond butternut of Hubbard squash

11/4 kopje vers geraspte Parmigiano-Reggiano

1/4 kopjes fijngemalen amarettikoekjes

1 groot ei

1/4 theelepel gemalen nootmuskaat

Zout naar smaak

1 pond<u>Verse Eierpasta</u>, uitgerold en in reepjes van 4 inch gesneden

1 stok (4 ons) ongezouten boter

2 eetlepels gehakte geroosterde amandelen

1. Plaats een rooster in het midden van de oven. Verwarm de oven voor op 400 ° F. Vet een kleine ovenschaal in. Snijd de pompoen doormidden en schep de zaden en vezels eruit. Leg de helften met de snijkant naar beneden in de pan. Bak 1 uur of tot ze zacht zijn als ze met een mes worden doorboord. Laten afkoelen.

2. Schraap het vruchtvlees van de huid. Haal het vruchtvlees door een keukenmachine met het fijne mes of pureer het in een keukenmachine of blender. Roer 3/4 kopje van de kaas, de amaretti, het ei, de nootmuskaat en het zout erdoor. Smaak voor kruiden.

3. Bereid de pasta voor. Maak en kook de ravioli zoals beschreven in het recept voor<u>Kaas Ravioli</u>, stappen 2 tot 6.

4. Smelt, terwijl de ravioli kookt, de boter op middelhoog vuur. Giet de helft van de boter in een warme serveerschaal. Voeg de ravioli en de resterende gesmolten boter toe. Besprenkel ze met

amandelen. Bestrooi met de resterende 1/2 kop kaas. Serveer onmiddellijk.

Vlees Ravioli Met Tomatensaus

Agnolotti in Salsa di Pomodoro

Maakt 8 tot 10 porties

Italiaanse koks beginnen zelden helemaal opnieuw bij het maken van een vleesvulling voor verse pasta. Gewoonlijk worden restjes van een stoofpot of braadstuk fijngehakt en bevochtigd met de vleessappen. Kaas, gekookte groenten of paneermeel kunnen worden toegevoegd om de vulling uit te breiden en het mengsel wordt samengebonden met losgeklopte eieren. Omdat ik niet altijd restjes voor raviolivulling in huis heb, maak ik deze makkelijke stamppot als vulling voor ravioli.

3 kopjes<u>Toscaanse Tomatensaus</u>

2 eetlepels ongezouten boter

1 pond gemalen kalfs- of rundvlees

1 kipfilet zonder botten, in stukjes van 1 inch gesneden

1 middelgrote ui, gesnipperd

1 middelgrote wortel, gehakt

1 kleine bleekselderij, fijngesneden

1 teen knoflook, fijngehakt

Zout en versgemalen zwarte peper

¹/2 kopje droge witte wijn

1 kopje Parmigiano-Reggiano of Pecorino Romano

2 grote eidooiers

1 pond<u>Verse Eierpasta</u>, uitgerold en in reepjes van 4 inch gesneden

1.Bereid de saus voor. Smelt vervolgens de boter in een grote koekenpan op middelhoog vuur. Voeg het vlees en de kip toe en kook tot het vlees zijn roze kleur verliest, waarbij je de brokken gehakt met een lepel losmaakt.

2.Voeg de ui, wortel, bleekselderij en knoflook toe. Kook 10 minuten, vaak roerend, of tot de groenten zacht zijn. Breng op smaak met peper en zout.

3.Voeg de wijn toe en laat 1 minuut sudderen. Dek de pan af en zet het vuur laag. Kook 11/2 uur of tot het vlees heel zacht is. Voeg een beetje water toe aan de pan als het mengsel te droog wordt. Haal van het vuur en laat afkoelen.

4.Schraap het vleesmengsel in een keukenmachine of een voedselmolen. Hak of maal het vlees tot het fijngemalen is, maar niet plakkerig. Doe het vleesmengsel over in een kom.

5.Voeg 1/2 kopje geraspte kaas toe aan het vleesmengsel en meng goed. Smaak voor kruiden. Roer de eidooiers erdoor.

6.Bereid de pasta voor. Maak en kook de ravioli zoals beschreven in het recept voor<u>Kaas Ravioli</u>, stappen 2 tot 6. Serveer warm met de saus en bestrooi met de resterende 1/2 kopje kaas.

Toscaanse Worst Ravioli

Tortelli Casentinese

Maakt 8 porties

Tortelli is een andere naam voor ravioli die veel wordt gebruikt in Toscane en Emilia-Romagna. Deze tortelli, gevuld met varkensworst, is gemaakt in de stijl van de Casentino-streek van Toscane, een regio die ook bekend staat om zijn prachtige wolproducten.

3 kopjes<u>Toscaanse Tomatensaus</u>

1 teen knoflook, zeer fijn gesneden

2 eetlepels olijfolie

1 pond gewone Italiaanse varkensworst, gevild

2 grote eieren

2 eetlepels tomatenpuree

1 kopje vers geraspte Pecorino Romano

¼ kopjes gewoon droog broodkruim

2 eetlepels gehakte verse bladpeterselie

Snufje vers geraspte nootmuskaat

Zout en versgemalen zwarte peper

1 pond<u>Verse Eierpasta</u>, uitgerold en in reepjes van 4 inch gesneden

1.Bereid de saus voor. Bak vervolgens in een grote koekenpan de knoflook in de olie op middelhoog vuur gedurende 1 minuut. Voeg het worstvlees toe en kook, onder regelmatig roeren, tot het vlees net gaar is. Leg het worstvlees op een snijplank en hak het fijn.

2.Klop in een grote kom de eieren tot ze gemengd zijn. Klop de tomatenpuree erdoor. Roer het worstvlees, 1/2 kopje kaas, broodkruimels, nootmuskaat en zout en peper naar smaak erdoor.

3.Bereid de pasta voor. Maak en kook de ravioli zoals beschreven in het recept voor<u>Kaas Ravioli</u>, stappen 2 t/m 6. Lepel de saus erop en serveer direct met de resterende 1/2 kop geraspte kaas.

Gekruide Ravioli, Marches-stijl

Ravioli Marchegiana

Maakt 8 porties

Koks in de regio Marche aan de Adriatische kust staan bekend om hun behendige gebruik van kruiden in hartige gerechten. Deze ravioli, bijvoorbeeld, gemaakt met een verscheidenheid aan groenten en kaas, is op smaak gebracht met citroenschil, kaneel en nootmuskaat. Serveer ze met<u>Marches-Style Ragù</u>of een eenvoudige<u>Boter en Saliesaus</u>.

Ongeveer 4 kopjes<u>Marches-Style Ragù</u>

12 ons geassorteerde groenten zoals spinazie, snijbiet, cichorei of paardenbloem

1 kop hele of halfvolle ricotta

1 groot ei, losgeklopt

1 kop geraspte Parmigiano-Reggiano

1 theelepel geraspte citroenschil

Snufje geraspte nootmuskaat

Snufje gemalen kaneel

Zout en versgemalen zwarte peper

1 pond<u>Verse Eierpasta</u>, uitgerold en in reepjes van 4 inch gesneden

1. Bereid de ragù voor. Zet vervolgens de spinazie in een grote pan op middelhoog vuur met 1/4 kopje water. Dek af en kook 2 tot 3 minuten of tot ze geslonken en zacht zijn. Giet af en laat afkoelen. Wikkel de spinazie in een pluisvrije doek en knijp er zoveel mogelijk water uit. Hak de spinazie fijn.

2. Meng in een grote kom de ricotta, het ei, 1/2 kopje kaas, de citroenschil, nootmuskaat, kaneel en zout en peper naar smaak.

3. Bereid de pasta voor. Maak en kook de ravioli zoals beschreven in het recept voor<u>Kaas Ravioli</u>, stappen 2 tot 6. Doe de ravioli over in een serveerschaal. Lepel de saus erover en serveer onmiddellijk met de resterende 1/2 kop kaas.

Paddenstoelenravioli in boter en saliesaus

Agnolotti ai Funghi

Maakt 8 porties

De combinatie van paddenstoelen en marjolein is typisch voor Ligurië, waar dit recept vandaan komt. Witte champignons zijn prima als vulling voor deze ravioli, maar voor een extra speciale smaak voeg je wat bospaddenstoelen toe aan de vulling.

3 eetlepels ongezouten boter

1 eetlepel olijfolie

1 pond verse champignons, dun gesneden

1 theelepel verse marjolein of tijm of een snufje gedroogd

Zout en versgemalen zwarte peper

1/2 kopjes hele of halfvolle ricotta

1 kopje vers geraspte Parmigiano-Reggiano

1 eigeel

1 pond<u>Verse Eierpasta</u>, uitgerold en in reepjes van 4 inch gesneden

1.Smelt in een grote koekenpan de boter met de olie op middelhoog vuur. Voeg de champignons, marjolein en peper en zout naar smaak toe. Kook, af en toe roerend, tot de champignons zacht zijn en de sappen zijn verdampt. Laten afkoelen.

2.Schraap de champignons in een keukenmachine en hak ze fijn. Voeg de ricotta en 1/2 kopje Parmigiano toe en proef naar smaak. Roer de eidooier erdoor.

3.Bereid de pasta voor. Maak en kook de ravioli zoals beschreven in het recept voor<u>Kaas Ravioli</u>, stappen 2 tot 6.

4.Maak ondertussen de saus. Schenk de helft van de saus in een warme serveerschaal. Voeg de gekookte ravioli toe. Schep de resterende saus erop en bestrooi met de resterende 1/2 kop Parmigiano-Reggiano. Serveer onmiddellijk.

Reuzenravioli met truffelboter

Ravioloni al Tuorlo d'Uovo

Maakt 4 porties

Een van deze extra grote en extra rijke ravioli is voldoende voor een voorgerecht. Ik had deze jaren geleden voor het eerst bij San Domenico Restaurant in Imola, opgericht door de geweldige chef-kok Nino Bergese, bekend om zijn creatieve benadering van de klassieke Italiaanse keuken.

Dit is een zeer ongebruikelijk recept. De verse eierpasta is gevuld met een ring van ricotta die rond een eigeel is geregen. Wanneer de raviolo wordt gesneden, sijpelt de lichtgekookte dooier eruit en vermengt zich met de botersaus. Bij San Domenico werden de ravioloni gegarneerd met dun geschaafde verse witte truffels. De hitte van de pasta en saus brachten hun smaak en aroma naar voren. Het effect was buitengewoon en ik zal het me altijd herinneren als een van de lekkerste dingen die ik ooit heb gegeten.

Hoewel ze misschien een beetje lastig lijken, zijn deze ravioli echt vrij eenvoudig te maken en erg indrukwekkend om te serveren. Voor het beste resultaat zet je de ravioli vlak voor het koken in elkaar. U kunt de truffel vervangen door vers geschaafde Parmigiano-

Reggiano-vlokken. De meeste truffeloliën hebben een kunstmatige smaak, dus ik vermijd ze.

1 pond<u>Verse Eierpasta</u>, uitgerold en in vier reepjes van 8 × 4-inch gesneden

1 kop hele of halfvolle ricotta

2 eetlepels vers geraspte Parmigiano-Reggiano

Snufje gemalen nootmuskaat

Zout en versgemalen zwarte peper

4 grote eieren

1/2 kopjes ongezouten boter, gesmolten

Verse witte of zwarte truffel of een groot stuk Parmigiano-Reggiano

1. Bereid de pasta voor. Meng vervolgens de ricotta en geraspte kaas, nootmuskaat en zout en peper naar smaak. Schraap de vulling in een spuitzak met een punt van 1/2-inch of een stevige plastic zak, waarbij u een hoek afsnijdt om een opening van 1/2-inch te creëren.

2. Houd de resterende pasta bedekt en leg een strook op een aanrecht. Vouw de strook kruiselings dubbel en vouw vervolgens uit om het midden te vouwen. Laat rondom een rand

van 2,5 cm en spuit een cirkel van het kaasmengsel op de pasta naar één kant van de vouw. Scheid een ei en leg het wit apart voor een ander gebruik. Laat de dooier voorzichtig in het midden van de cirkel vallen. Borstel lichtjes rond de kaas met koud water. Vouw de andere helft van de pasta over de vulling. Druk met een vork de randen van de pasta tegen elkaar om ze af te sluiten. Herhaal met de resterende pasta en vulling.

3. Breng minimaal 2 liter water aan de kook. Zet het vuur lager tot het water kookt. Voeg zout naar smaak toe. Leg de ravioli voorzichtig in het water en kook tot de pasta gaar is, ongeveer 3 minuten.

4. Schep in elk van de 4 warme serveerschalen een beetje boter. Verwijder de ravioli één voor één met een schuimspaan. Leg in elk schaaltje een raviolo en schep de rest van de boter erop. Met een dunschiller met draaibaar mes, schaaf je dunne plakjes van de truffel, indien gebruikt, of vlokken Parmigiano erover. Serveer onmiddellijk.

Bietenravioli met maanzaad

Casunziei di Barbabietole Rosse

Maakt 8 porties

In de Veneto is het traditie om deze prachtige ravioli met kerst te serveren. Ik hou van de manier waarop de rode bietenvulling als een delicate blos door de pasta steekt. Deze ravioli zijn typerend voor Cortina d'Ampezzo, een wereldberoemd skigebied in het noordelijke Alpengedeelte van de regio. De maanzaadjes in de saus weerspiegelen de invloed van het nabijgelegen Oostenrijk. Papaverzaden verliezen hun versheid snel bij warme kamertemperatuur, dus ruik eraan om er zeker van te zijn dat ze niet ranzig zijn geworden. Bewaar maanzaad in een goed afgesloten pot in de koelkast of vriezer.

4 middelgrote bieten, schoongemaakt en gewassen

$1/2$ kopjes hele of halfvolle ricotta

1 kopje vers geraspte Parmigiano-Reggiano

2 eetlepels gewoon droog broodkruim

Zout en versgemalen zwarte peper

1 pond<u>Verse Eierpasta</u>, uitgerold en in reepjes van 4 inch gesneden

8 eetlepels (1 stok) ongezouten boter

1 eetlepel maanzaad

1.Plaats de bieten in een middelgrote pan met koud water om te bedekken. Breng aan de kook en kook tot ze zacht zijn als je er met een mes in steekt, ongeveer 30 minuten. Giet af en laat afkoelen.

2.Schil de bieten en snij ze in blokjes. Doe ze in een keukenmachine en hak ze fijn. Voeg de ricotta, 1/2 kopje Parmigiano-Reggiano, broodkruimels en zout en peper naar smaak toe. Verwerk tot het gemengd is, maar nog steeds een beetje grof.

3.Bereid de pasta voor. Maak en kook de ravioli zoals beschreven in het recept voor<u>Kaas Ravioli</u>, Stappen 2 tot 6.

4.Smelt intussen de boter met het maanzaad en een snufje zout. Giet de helft van de boter in een warme serveerschaal. Doe de ravioli over in de kom. Schep de resterende saus over de ravioli en bestrooi met de resterende 1/2 kop Parmigiano-Reggiano. Serveer onmiddellijk.

Met vlees gevulde pastaringen in roomsaus

Tortellini alla Panna

Maakt 8 porties

Volgens een romantische legende werden deze ringvormige pastazakjes uitgevonden door een kokkin die de godin Venus in haar bad bespioneerde. Geïnspireerd door haar schoonheid creëerde hij een pasta in de vorm van haar navel. Andere versies van het verhaal zeggen dat de schoonheid Caterina di Medici was. Wat de inspiratie ook is, deze zijn heerlijk om te zwemmen in een rijke vlees- of kippenbouillon of een simpele room- of botersaus. Alles meer dan dat zou overdreven zijn.

4 eetlepels ongezouten boter

4 ons varkenslende zonder been, in blokjes van 1 inch gesneden

4 ons geïmporteerde Italiaanse prosciutto

4 ons mortadella

11/2 kopjes vers geraspte Parmigiano-Reggiano

1 groot ei

1/4 theelepel versgemalen nootmuskaat

1 pond<u>Verse Eierpasta</u>, uitgerold en in reepjes van 4 inch gesneden

11/2 kopjes zware of slagroom

Zout

1.Smelt 2 eetlepels boter in een kleine koekenpan op middelhoog vuur. Voeg het varkensvlees toe en kook, af en toe roerend, tot het gaar is, ongeveer 20 minuten. Laten afkoelen.

2.Maal in een keukenmachine of vleesmolen het varkensvlees, de prosciutto en de mortadella tot ze heel fijn zijn. Breng het vlees over in een kom. Roer 1 kopje Parmigiano-Reggiano, ei en nootmuskaat erdoor.

3.Bekleed 2 of 3 grote bakplaten met pluisvrije handdoeken. Bestuif de handdoeken met bloem.

4.Bereid de pasta voor. Werk met één stuk tegelijk, houd de rest bedekt.

5.Snijd de pasta in vierkanten van 2 inch. Leg op elk vierkantje ongeveer 1/2 theelepel van de vulling. Vouw het deeg over de vulling tot een driehoek. Druk de randen stevig tegen elkaar om te verzegelen. Werk snel zodat het deeg niet uitdroogt.

6. Breng de twee tegenovergestelde punten van de driehoek samen om een cirkel te vormen. Knijp in de uiteinden om te verzegelen. Leg de gevormde tortellino op een bakplaat terwijl je het overige deeg en de vulling op dezelfde manier klaarmaakt.

7. Koel de tortellini enkele uren of een nacht in de koelkast, waarbij u de stukken af en toe omdraait. (Als u ze langer wilt bewaren, vries ze dan 1 uur in op de bakplaat of tot ze stevig zijn, breng ze dan over in stevige plastic zakken en bewaar ze tot een maand in de vriezer. Niet ontdooien voor het koken.)

8. Smelt voor de saus de resterende 2 eetlepels boter met de room en een snufje zout in een koekenpan die groot genoeg is voor alle pasta. Breng aan de kook en kook 1 minuut of tot het licht ingedikt is.

9. Breng minimaal 4 liter water aan de kook in een grote pan. Voeg de tortellini en zout naar smaak toe. Roer af en toe tot het water weer kookt. Zet het vuur lager zodat het water zachtjes kookt. Kook 3 minuten of tot een beetje gaar. Goed laten uitlekken.

10. Giet de tortellini in de pan met de room en roer voorzichtig. Voeg de resterende 1/2 kopje Parmigiano-Reggiano toe en roer opnieuw. Serveer onmiddellijk.

Aardappel Tortelli Met Worst Ragù

Tortelli di Patate al Ragù di Salsiccia

Maakt 6 tot 8 porties

Aardappelpuree op smaak gebracht met Parmigiano-Reggiano vullen verse pastaringen in het zuiden van Emilia-Romagna en het noorden van Toscane. In plaats van vierkanten, zoals in de<u>Met vlees gevulde pastaringen in roomsaus</u>recept, deze beginnen als deegcirkels en worden vervolgens gevormd tot ringen. Serveer ze met een rijke<u>Worst Ragù</u>, of geniet er gewoon van met<u>Boter en Saliesaus</u>.

41/2 kopjes<u>Worst Ragù</u>

3 medium kokende aardappelen

2 eetlepels ongezouten boter, op kamertemperatuur

1 kopje vers geraspte Parmigiano-Reggiano

1/8 theelepel vers geraspte nootmuskaat

Zout en versgemalen zwarte peper

1 pond<u>Verse Eierpasta</u>, uitgerold en in reepjes van 4 inch gesneden

1.Bereid de ragù voor. Plaats vervolgens de hele aardappelen in een pan met koud water om te bedekken. Breng aan de kook en kook tot de aardappelen zacht zijn als je er met een mes in steekt, ongeveer 20 minuten. Giet af en laat afkoelen.

2.Schil de aardappelen en pureer ze met een rijstmachine of keukenmachine tot een gladde massa. Roer de boter, 1/2 kopje kaas, de nootmuskaat en zout en peper naar smaak erdoor.

3.Bestrooi twee bakplaten met bloem.

4.Bereid de pasta voor. Met een 2-inch ronde koekjes- of koekjesvormer, of een klein glas, snijd het deeg in cirkels. Leg een theelepel van de vulling aan één kant van elke cirkel. Dompel een vingertop in koud water en bevochtig de deegcirkel halverwege. Vouw het deeg over de vulling tot een halve cirkel. Druk de randen stevig tegen elkaar om te verzegelen. Verzamel de twee hoeken van het deeg en knijp ze samen. Leg de tortelli op de voorbereide bakplaat. Herhaal met het resterende deeg en de vulling.

5.Dek af en zet in de koelkast, draai de stukken af en toe, tot 3 uur. (Vries de pasta voor langere opslag in op de bakplaten. Doe over in stevige plastic zakken. Sluit goed af en vries tot een maand in. Niet ontdooien voor het koken.)

6.Als je klaar bent om de tortelli te koken, breng dan minstens 4 liter water aan de kook. Breng de saus aan de kook. Voeg de pasta toe aan het kokende water met zout naar smaak. Goed roeren. Kook op middelhoog vuur, onder regelmatig roeren, tot de pasta zacht maar toch stevig is.

7.Schep wat van de saus in een verwarmde serveerschaal. Giet de pasta goed af en voeg toe aan de kom. Top met de resterende saus en 1/2 kop kaas. Serveer onmiddellijk.

Aardappelgnocchi

Gnocchi di Patate con Ragù o al Sugo

Maakt 6 porties

Romeinse trattoria's hebben vaak dagschotels. Donderdagen zijn meestal hun dag om aardappelgnocchi te serveren, maar gnocchi worden ook gemaakt voor de grote zondagse lunch bij mama's huis wanneer het hele gezin bij elkaar komt.

Het belangrijkste om te onthouden bij het maken van aardappelgnocchi is om ze voorzichtig te behandelen en nooit overwerk de aardappelen door ze in een keukenmachine of mixer te doen. Het vochtgehalte van de aardappelen bepaalt hoeveel bloem je nodig hebt.

Als je twijfelt of je genoeg bloem aan het deeg hebt toegevoegd, probeer dan deze truc die een slimme kok me heeft voorgesteld. Maak een test gnòcco. Knijp een klein stukje deeg af en kook het in een kleine pan met kokend water tot het aan de oppervlakte komt drijven, kook het dan nog 30 seconden. Schep het uit het water en proef het. De knoedel moet zijn vorm behouden zonder papperig of taai te zijn. Als het te zacht is, kneed dan meer bloem erdoor. Als het *taai is, heeft het waarschijnlijk al te veel bloem. Begin opnieuw of probeer de gnocchi wat langer te koken.*

4 kopjesNapolitaanse RagùofVerse Tomatensaus

11/2 pond aardappelen bakken

Ongeveer 2 kopjes bloem voor alle doeleinden

1 grote eidooier, losgeklopt

Zout

1.Bereid de ragù of saus voor. Plaats de aardappelen vervolgens in een grote pan met koud water om ze te bedekken. Dek de pan af en breng aan de kook. Kook tot de aardappelen zacht zijn als je er met een mes in steekt, ongeveer 20 minuten. Bestuif twee grote bakplaten met bloem.

2.Schil de aardappelen terwijl ze nog warm zijn en snijd ze in blokjes. Pureer de aardappelen met de kleinste gaatjes van een rijst- of voedselmolen, of met de hand met een aardappelstamper. Voeg de eidooier en 2 theelepels zout toe. Roer een kopje bloem erdoor tot het gemengd is. Het deeg zal stijf zijn.

3.Schraap de aardappelen op een met bloem bestoven oppervlak. Kneed kort en voeg net genoeg bloem toe zodat de gnocchi hun vorm behouden als ze gaar zijn, maar niet zo veel dat ze zwaar worden. Het deeg moet een beetje plakkerig zijn.

4.Zet het deeg opzij. Schraap het bord om eventuele deegresten te verwijderen. Was en droog je handen en bestuif ze met bloem. Zet een of twee grote bakpannen klaar en bestuif ze met bloem.

5.Snijd het deeg in 8 stukken. Houd het resterende deeg bedekt en rol een stuk in een lang touw van ongeveer 3/4 inch dik. Snijd het touw in stukjes van 1/2 inch lang.

6.Om het deeg te vormen, houdt u een vork in de ene hand met de tanden naar beneden gericht. Rol met de duim van de andere hand elk stuk deeg over de achterkant van de tanden, druk lichtjes om ribbels aan de ene kant en een inkeping van je vinger aan de andere kant te maken. Laat de gnocchi op de voorbereide pannen vallen. De stukjes mogen elkaar niet raken. Herhaal met het resterende deeg.

7.Koel de gnocchi tot ze klaar zijn om te koken. (Gnocchi kan ook worden ingevroren. Plaats de bakplaten een uur in de vriezer of tot ze stevig zijn. Doe de gnocchi in een grote stevige plastic zak. Vries tot een maand in. Niet ontdooien voor het koken.)

8.Zet een verwarmde ondiepe serveerschaal klaar. Schenk een dun laagje van de hete saus in de kom.

9.Breng voor het koken van de gnocchi een grote pan water aan de kook. Voeg 2 eetlepels zout toe. Zet het vuur lager zodat het water zachtjes kookt. Laat de gnocchi met een paar stukjes tegelijk in het water vallen. Kook 30 seconden nadat de gnocchi aan de oppervlakte zijn gekomen. Schep de gnocchi met een schuimspaan uit de pan en laat de stukjes goed uitlekken. Breng over naar de serveerschaal. Herhaal met de resterende gnocchi.

10. Meng de gnocchi met de saus. Lepel op de resterende saus; bestrooi met kaas. Heet opdienen.

Aardappelgnocchi met lamsragout

Gnocchi met Ragù di Agnello

Maakt 6 tot 8 porties

Dit recept komt uit de regio Abruzzo in Midden-Italië. De saus wordt meestal geserveerd met pasta alla chitarra - zelfgemaakte eierpasta gesneden met een speciaal apparaat dat bekend staat als een gitaar, omdat het de vorm heeft van een frame dat is bespannen met draden. Het werkt ook goed in een stevig gerecht met gnocchi.

1 pondAardappelgnocchi, via stap 7

2 eetlepels olijfolie

1 middelgrote ui, fijngesnipperd

1 rode paprika, zonder zaadjes en in stukjes

Snufje gemalen rode peper

2 teentjes knoflook, fijngesneden

1 pond mager gemalen lamsvlees

1 (28- tot 35-ounce) blik geïmporteerde Italiaanse tomaten met hun sap, gehakt

1 eetlepel tomatenpuree

1 laurierblad

Zout naar smaak

1/2 kopjes vers geraspte Pecorino Romano of Parmigiano-Reggiano

1.Bereid de gnocchi voor. Kook vervolgens in een grote koekenpan
de olijfolie, ui, paprika en rode peper tot de groenten zacht zijn,
ongeveer 10 minuten. Voeg de knoflook toe en bak nog 1
minuut.

2.Roer het lamsvlees erdoor en kook 15 minuten, onder
regelmatig roeren om eventuele klontjes te breken, tot het niet
meer roze is. Roer de tomaten erdoor. Voeg de tomatenpuree,
het laurierblad en het zout toe.

3.Breng de saus aan de kook en zet het vuur laag. Kook, af en toe
roerend, tot de saus is ingedikt, ongeveer 11/2 uur.

4.Breng minimaal 4 liter water aan de kook. Zet het vuur lager
zodat het water zachtjes kookt. Laat de gnocchi met een paar
stukjes tegelijk in het water vallen. Kook 30 seconden nadat de
gnocchi aan de oppervlakte zijn gekomen.

5.Haal intussen het laurierblad uit de saus. Schep een dunne laag in een grote verwarmde serveerschaal. Schep de gnocchi met een schuimspaan uit de pan en laat de stukjes goed uitlekken. Voeg ze toe aan de kom. Herhaal met de resterende gnocchi. Bestrooi met de resterende saus en kaas. Heet opdienen.

Gegratineerde Aardappelgnocchi

Gnocchi Gegratineerde

Maakt 6 porties

In Piemonte worden aardappelgnocchi gegarneerd met kaas en broodkruimels en gebakken in een hittebestendige ovale schaal die bekend staat als gratin. Bij het bakken smelten de kazen en worden de kruimels knapperig. Het gerecht kan van tevoren worden samengesteld en gebakken net voordat u klaar bent om het te serveren.

1 receptAardappelgnocchi

2 eetlepels paneermeel

Zout

6 ons Fontina Valle d'Aosta

4 eetlepels ongezouten boter

Vers gemalen zwarte peper

¼ kopjes vers geraspte Parmigiano-Reggiano

Snufje kaneel

1.Bereid de gnocchi voor. Plaats vervolgens een rooster in het
midden van de oven. Verwarm de oven voor op 350 ° F. Beboter
een ovenschaal van 13 × 9 × 2-inch. Bestrooi het met het
paneermeel.

2.Breng een grote pan water aan de kook. Voeg de gnocchi en zout
naar smaak toe. Kook, af en toe roerend, gedurende 30 seconden
nadat de gnocchi naar de oppervlakte drijven. Schep de gnocchi
eruit met een schuimspaan en leg er een laag van in de
voorbereide ovenschaal. Leg de helft van de Fontina erop en
besprenkel met de helft van de boter. Bestrooi met peper. Maak
een tweede laag gnocchi, Fontina en boter. Bestrooi met de
geraspte kaas en kaneel.

3.Bak 20 minuten of tot het borrelt en licht goudbruin is. Heet
opdienen.

Aardappelgnocchi in Sorrento-stijl

Gnocchi alla Sorrentina

Maakt 8 porties

In de omgeving van Napels worden aardappelgnocchi vaak strangolopreti genoemd, wat 'priesterwurgers' betekent, met het idee dat een hebzuchtige priester die geconfronteerd wordt met zo'n heerlijk thuiskoken, te veel zou kunnen eten en zou stikken. Dit gebakken gerecht is een specialiteit van Sorrento.

Ongeveer 2 kopjesMarinarasaus

1 receptAardappelgnocchi

Zout

8 ons verse mozzarella, in dunne plakjes gesneden

¼ kopjes vers geraspte Pecorino Romano

1.Bereid de saus en de gnocchi voor. Plaats vervolgens een rooster in het midden van de oven. Verwarm de oven voor op 400 ° F. Verdeel een dun laagje saus in een ovenschaal van 13 × 9 × 2-inch.

2.Breng een grote pan water aan de kook. Voeg zout naar smaak
toe. Zet het vuur lager zodat het water zachtjes kookt. Laat de
gnocchi met een paar stukjes tegelijk in het water vallen. Kook
30 seconden nadat de gnocchi aan de oppervlakte zijn gekomen.
Schep de gnocchi met een schuimspaan uit de pan en laat de
stukjes goed uitlekken. Verdeel de gnocchi over de ovenschaal.
Lepel er wat van de saus op. Herhaal met de overige gnocchi en
saus. Verdeel de mozzarella over de gnocchi. Bestrooi met de
geraspte kaas.

3.Bak 30 minuten of tot de saus borrelt. Heet opdienen.

EXTRA DESSERTRECEPTEN

Chocoladepudding

Crema di Cioccolato

Maakt 8 porties

Cacao, chocolade en zware room maken dit dessert rijk, romig en smaakvol. Serveer het in kleine porties met slagroom en geschaafde chocolade.

⅔ kopjes suiker

¼ kopjes maizena

3 eetlepels ongezoet cacaopoeder

¼ theelepel zout

2 kopjes volle melk

1 kop zware room

4 ons bitterzoete of halfzoete chocolade, gehakt, plus meer voor garnering (optioneel)

1.Zeef in een grote kom 1/3 kopje suiker, het maizena, cacao en zout. Roer 1/4 kopje melk erdoor tot het glad en goed gemengd is.

2.Meng in een grote pan de resterende 1/3 kop suiker, 13/4 kopjes melk en de slagroom. Kook op middelhoog vuur, onder regelmatig roeren, tot de suiker is opgelost en het mengsel ongeveer 3 minuten aan de kook komt.

3.Klop met een garde het cacaomengsel door het hete melkmengsel. Kook, al roerend, tot het mengsel kookt. Draai het vuur laag en kook tot het dik en glad is, nog 1 minuut.

4.Giet de inhoud van de pan in een grote kom. Voeg de chocolade toe en roer tot het gesmolten en glad is. Dek stevig af met een stuk plastic folie en sluit de folie goed aan op het puddingoppervlak om te voorkomen dat er een vel ontstaat. Koel tot koud, 3 uur tot een nacht.

5.Schep de pudding in dessertschaaltjes om te serveren. Garneer met een beetje gehakte chocolade, indien gewenst, en serveer.

Rijstpudding met chocoladeschilfers

Budino di Riso al Cioccolato

Maakt 6 porties

Ik had deze romige rijstpudding in Bologna, waar taarten en puddingen gemaakt met rijst erg populair zijn. Pas toen ik het proefde, ontdekte ik dat wat op rozijnen leek, eigenlijk kleine stukjes bitterzoete chocolade waren. Slagroom maakt deze rijke pudding, gemaakt met Italiaanse rijst met gemiddelde korrels, lichter. Serveer het puur of metHet hele jaar door frambozensausofWarme Chocoladesaus.

6 kopjes volle melk

¾ kopjes middelgrote rijst, zoals Arborio, Carnaroli of Vialone Nano

½ theelepel zout

¾ kopjes suiker

2 eetlepels donkere rum of cognac

1 theelepel puur vanille-extract

1 kop zware of slagroom

3 ons bitterzoete chocolade, gehakt

1.Meng in een grote pan de melk, rijst en zout. Breng de melk aan
de kook en kook, onder regelmatig roeren, tot de rijst zacht is en
de melk is opgenomen, ongeveer 35 minuten.

2.Breng de gekookte rijst over in een grote kom. Roer de suiker
erdoor en laat afkoelen tot kamertemperatuur. Roer de rum en
vanille erdoor.

3.Zet minstens 20 minuten voordat je klaar bent om het dessert te
maken een grote kom en de kloppers van een elektrische mixer
in de koelkast.

4.Haal de kom en de kloppers uit de koelkast als ze zijn afgekoeld.
Giet de room in de kom en klop de room op hoge snelheid tot hij
zacht zijn vorm behoudt wanneer de kloppers worden opgetild,
ongeveer 4 minuten.

5.Spatel met een flexibele spatel de slagroom en de gehakte
chocolade door het rijstmengsel. Serveer direct of dek af en zet
in de koelkast.

Koffie Karamel Vla

Pan di Caffè

Maakt 6 porties

Dit oude Toscaanse recept is als een crème caramel van structuur, maar het bevat geen melk of room. De vla is rijk, donker en dicht, hoewel niet zo zwaar als het zou zijn als het met room zou zijn gemaakt. De Italiaanse naam laat zien dat het ooit in de vorm van een brood werd gebakken, zoals brood-ruit in het Italiaans.

2 kopjes hete, sterk gezette espresso

11/2 kopjes suiker

2 eetlepels water

5 grote eieren

1 eetlepel rum of cognac

1.Plaats een rooster in het midden van de oven. Verwarm de oven voor op 350 ° F. Zet 6 hittebestendige custardcups klaar.

2.Klop in een grote kom de espresso met 3/4 kopje suiker tot de suiker is opgelost. Laat staan tot de koffie op kamertemperatuur is, ongeveer 30 minuten.

3.Meng in een kleine, zware pan de resterende 3/4 kop suiker en het water. Kook op middelhoog vuur, af en toe roerend, tot de suiker volledig is opgelost, ongeveer 3 minuten. Wanneer het mengsel begint te koken, stop dan met roeren en kook tot de siroop aan de randen bruin begint te worden. Draai de pan dan voorzichtig boven het vuur tot de siroop gelijkmatig goudbruin is, nog ongeveer 2 minuten. Bescherm uw hand met een ovenwant en giet de hete karamel onmiddellijk in de custardcups.

4.Klop in een grote kom de eieren tot ze gemengd zijn. Roer de afgekoelde koffie en de rum erdoor. Giet het mengsel door een fijnmazige zeef in een kom en voeg het toe aan de custardcups.

5.Plaats de kopjes in een grote braadslee. Plaats de pan in het midden van de oven en giet heet water in de pan tot een diepte van 1 inch. Bak 30 minuten of tot een mes dat 2,5 cm van het midden van de custards is gestoken er schoon uitkomt. Breng de kopjes van de pan naar het rek om af te koelen. Dek af en laat minstens 3 uur of een nacht afkoelen.

6.Om te serveren, laat u een klein mes rond de binnenkant van elke custardbeker lopen. Keer om op serveerschalen en serveer direct.

Chocolade Crème Karamel

Crème Caramel al Cioccolato

Maakt 6 porties

Crème caramel is een zijdezacht gebakken custard. Ik hou van deze versie, op smaak gebracht met chocolade, die ik in Rome had.

Karamel

¾ kopjes suiker

2 eetlepels water

Room

2 kopjes volle melk

4 ons bitterzoete of halfzoete chocolade, gehakt

¾ kopjes suiker

4 grote eieren

2 grote eidooiers

1.Plaats een rooster in het midden van de oven. Verwarm de oven voor op 350 ° F. Zet 6 hittebestendige custardcups klaar.

2. Bereid de karamel: combineer de suiker en het water in een kleine, zware pan. Kook op middelhoog vuur, af en toe roerend, tot de suiker volledig is opgelost, ongeveer 3 minuten. Wanneer het mengsel begint te koken, stop dan met roeren en kook tot de siroop aan de randen bruin begint te worden. Draai de pan dan voorzichtig boven het vuur tot de siroop gelijkmatig goudbruin is, nog ongeveer 2 minuten. Bescherm uw hand met een ovenwant en giet de hete karamel onmiddellijk in de custardcups.

3. Bereid de room voor: Verwarm de melk in een kleine steelpan op laag vuur tot er kleine belletjes aan de randen ontstaan. Haal van het vuur. Voeg de chocolade en de resterende 3/4 kop suiker toe en laat staan tot de chocolade is gesmolten. Roer tot het gemengd is.

4. Klop in een grote kom de eieren en dooiers tot ze gemengd zijn. Roer de chocolademelk erdoor. Giet het mengsel door een fijnmazige zeef in een kom en voeg het toe aan de custardcups.

5. Plaats de kopjes in een grote braadslee. Plaats in het midden van de oven. Giet voorzichtig heet water in de pan tot een diepte van 1 inch. Bak 20 tot 25 minuten of tot een mes dat 2,5 cm van het midden van de custards is gestoken er schoon uitkomt. Breng de kopjes van de pan naar het rek om af te koelen. Dek af en laat minstens 3 uur of een nacht afkoelen.

6. Om te serveren, laat u een klein mes rond de binnenkant van elke custardbeker lopen. Keer om op serveerschalen en serveer direct.

Amaretti Karamel Vla

Bonet

Maakt 8 porties

Custards zijn meestal smeuïg, maar deze versie uit Piemonte is aangenaam korrelig omdat hij gemaakt is met gemalen amarettikoekjes. Het wordt vaak in een kom gebakken en de naam komt van een dialectwoord voor de kroon van een hoed. Ik bak het het liefst in een laag cakevorm (geen springvorm), omdat het makkelijker te snijden en te serveren is in die vorm.

Karamel

²/3 kopjes suiker

¹/4 kopjes water

Vla

3 kopjes volle melk

4 grote eieren

1 kop suiker

1 kopje Nederlands-proces ongezoet cacaopoeder

¾ kopje fijngemalen geïmporteerde Italiaanse amaretti-koekjes (ongeveer 12)

2 eetlepels donkere rum

1 theelepel puur vanille-extract

1.Bereid de karamel: combineer de suiker en het water in een kleine, zware pan. Kook op middelhoog vuur, af en toe roerend, tot de suiker volledig is opgelost, ongeveer 3 minuten. Wanneer het mengsel begint te koken, stop dan met roeren en kook tot de siroop aan de randen bruin begint te worden. Draai de pan dan voorzichtig boven het vuur tot de siroop gelijkmatig goudbruin is, nog ongeveer 2 minuten. Bescherm uw hand met een ovenwant en giet de karamel onmiddellijk in een taartvorm van 8 of 9 inch met een laag van 8 of 9 inch. Kantel de pan om de bodem en een deel van de zijkanten met de karamel te bedekken.

2.Plaats een rooster in het midden van de oven. Verwarm de oven voor op 325 ° F. Plaats een braadslede die groot genoeg is om de cakevorm in het midden van de oven te houden.

3.Bereid de custard voor: Verwarm de melk in een grote, zware pan op laag vuur tot er kleine belletjes aan de rand ontstaan.

4. Klop ondertussen in een grote kom de eieren met de suiker tot
ze gemengd zijn. Roer de cacao, koekkruimels, rum en vanille
erdoor. Roer er geleidelijk de hete melk door.

5. Giet het custardmengsel door een fijnmazige zeef in de
voorbereide pan. Zet de pan in het midden van de braadslee.
Giet voorzichtig zeer heet water in de braadpan tot een diepte
van 1 inch.

6. Bak 1 uur en 10 minuten of tot de bovenkant is gestold, maar het
midden nog steeds een beetje wiebelt. (Bescherm uw hand met
een ovenwant, schud de pan voorzichtig.) Houd een
draadkoelrek klaar. Zet de pan 15 minuten op het rooster om af
te koelen. Dek af en zet 3 uur tot een nacht in de koelkast.

7. Om het uit de vorm te halen, laat u een klein mes rond de
binnenrand van de pan lopen. Keer de custard om op een
serveerschaal. Snijd in plakjes om direct te serveren.

Eenvoudige siroop voor Granita

Maakt 1 1/4 kopje

Als je in een oogwenk granita's wilt maken, verdubbel of verdrievoudig dit recept dan en bewaar het in een afgesloten pot in de koelkast tot twee weken.

1 kopje koud water

1 kop suiker

1. Meng in een kleine steelpan het water en de suiker. Breng aan de kook op middelhoog vuur en kook, af en toe roerend, tot de suiker is opgelost, ongeveer 3 minuten.

2. Laat de siroop iets afkoelen. Giet het in een container, dek af en zet in de koelkast tot het klaar is voor gebruik.

Citroen Granita

Granita di Limone

Maakt 6 porties

De ultieme opfrissing voor de zomer - serveer zoals het is met een schijfje citroen en een takje munt, of roer het door zomerse cocktails. Citroengranita is ook een goede affogato, wat 'verdronken' betekent, met een lepel grappa of limoncello, de heerlijke citroenlikeur uit Capri.

1 kopje water

²/3 kopjes suiker

21/2 kopjes ijsblokjes

1 theelepel geraspte citroenschil

1/2 kopjes vers geperst citroensap

1.Meng in een kleine steelpan het water en de suiker. Breng aan de kook op middelhoog vuur en kook, af en toe roerend, tot de suiker is opgelost, ongeveer 3 minuten. Laat iets afkoelen. Doe de ijsblokjes in een grote kom en giet de siroop over de ijsblokjes. Roer tot het ijs is gesmolten. Koel tot gekoeld, ongeveer 1 uur.

2.Koel een metalen pan van 13 × 9 × 2-inch in de vriezer. Meng in een middelgrote kom de suikersiroop, citroenschil en citroensap. Haal de pan uit de vriezer en giet het mengsel erin. Vries 30 minuten in of totdat er zich een rand van 1 inch ijskristallen vormt rond de randen.

3.Roer de ijskristallen door het midden van het mengsel. Zet de pan terug in de vriezer en blijf invriezen, roer elke 30 minuten, totdat alle vloeistof is bevroren, ongeveer 2 tot 21/2 uur. Serveer onmiddellijk, of schraap het mengsel in een plastic bak, dek af en bewaar tot 24 uur in de vriezer.

4.Haal indien nodig ongeveer 15 minuten voor het serveren uit de vriezer om zacht te worden.

Watermeloen Granita

Granita di Cocomero

Maakt 6 porties

De smaak in deze granita is zo geconcentreerd en de koelte zo verfrissend dat het misschien zelfs beter is dan verse watermeloen. Het is een favoriet op Sicilië, waar de zomers extreem heet kunnen zijn.

1 kopje water

1/2 kopjes suiker

4 kopjes watermeloenstukjes, zaadjes verwijderd

2 eetlepels vers citroensap, of naar smaak

1. Meng in een kleine steelpan het water met de suiker. Breng aan de kook op middelhoog vuur, kook dan, af en toe roerend, tot de suiker is opgelost, ongeveer 3 minuten. Laat iets afkoelen en zet vervolgens in de koelkast tot het koud is, ongeveer 1 uur.

2. Koel een metalen pan van 13 × 9 × 2-inch in de vriezer. Doe de stukjes watermeloen in een blender of keukenmachine en mix tot een gladde massa. Giet door een fijnmazige zeef in een kom

om eventuele stukjes zaad te verwijderen. Je zou ongeveer 2 kopjes sap moeten hebben.

3.Roer in een grote kom het sap en de siroop door elkaar. Voeg naar smaak citroensap toe.

4.Haal de pan uit de vriezer en giet het mengsel erin. Vries 30 minuten in of totdat er zich een rand van 1 inch ijskristallen vormt rond de randen. Roer de ijskristallen door het midden van het mengsel. Zet de pan terug in de vriezer en blijf invriezen, roer elke 30 minuten, totdat alle vloeistof is bevroren, ongeveer 2 tot 21/2 uur. Serveer onmiddellijk, of schraap het mengsel in een plastic bak, dek af en bewaar tot 24 uur in de vriezer.

5.Haal indien nodig ongeveer 15 minuten voor het serveren uit de vriezer om zacht te worden.

Linguine Met Zongedroogde Tomaten

Linguine met Pomodori Secchi

Maakt 4 tot 6 porties

Een pot gemarineerde zongedroogde tomaten in de voorraadkast en onverwachte gasten inspireerden dit snelle pastagerecht. De olie waarin de meeste gemarineerde zongedroogde tomaten worden verpakt, is over het algemeen niet van de hoogste kwaliteit, dus ik laat het liever uitlekken en voeg mijn eigen extra vergine olijfolie toe aan deze gemakkelijke saus.

1 pot (ongeveer 6 ons) gemarineerde zongedroogde tomaten, uitgelekt

1 klein teentje knoflook

1/4 kopjes extra vergine olijfolie

1 eetlepel balsamico azijn

Zout

1 pond linguine

6 verse basilicumblaadjes, gestapeld en in dunne linten gesneden

1. Combineer de tomaten en knoflook in een keukenmachine of blender en verwerk ze tot ze heel fijn zijn gehakt. Voeg langzaam de olie en azijn toe en mix tot een gladde massa. Smaak voor kruiden.

2. Breng minimaal 4 liter water aan de kook in een grote pan. Voeg 2 eetlepels zout toe en vervolgens de pasta, en duw deze voorzichtig naar beneden totdat de pasta volledig onder water staat. Goed roeren. Kook op hoog vuur, onder regelmatig roeren, tot de pasta al dente is, zacht en toch stevig. Houd wat van het kookvocht apart. Giet de pasta af.

3. Meng in een grote kom de pasta met de tomatensaus en verse basilicum, voeg indien nodig een beetje van het achtergehouden pastawater toe. Serveer onmiddellijk.

Variatie: Voeg een blikje uitgelekte tonijn met olijfolie toe aan de pasta en saus. Of voeg wat gehakte zwarte olijven of ansjovis toe.

Spaghetti met paprika, pecorino en basilicum

Spaghetti met Peperoni

Maakt 4 tot 6 porties

Het eten van spaghetti, linguine of andere lange pasta met lepel en vork wordt in Italië niet als goede manieren beschouwd, evenmin als het in korte stukjes knippen van de slierten. Kinderen leren van jongs af aan om een paar slierten pasta rond een vork te draaien en deze netjes op te eten zonder te slurpen.

Volgens een verhaal is hiervoor halverwege de negentiende eeuw de drietandige vork uitgevonden. Tot die tijd werd pasta altijd met de handen gegeten en hadden vorken maar twee tanden omdat ze voornamelijk werden gebruikt om vlees aan te prikken. Koning Ferdinand II van Napels vroeg zijn kamerheer, Cesare Spadaccini, om een manier te bedenken om lange pasta te serveren bij banketten aan het hof. Spadaccini bedacht een vork met drie tanden, en de rest is geschiedenis.

Verse hete chilipepers zijn typisch voor de Calabrische keuken. Hier worden ze gecombineerd met paprika en geserveerd met spaghetti. De geraspte pecorino is een mooie, zoute tegenhanger van de zoetheid van de paprika en basilicum.

¼ kopjes olijfolie

4 grote rode paprika's, in dunne reepjes gesneden

1 of 2 kleine verse chilipepers, zonder zaadjes en fijngehakt, of een snufje gemalen rode peper

Zout

2 teentjes knoflook, in dunne plakjes

12 verse basilicumblaadjes, in dunne linten gesneden

⅓ kopjes vers geraspte Pecorino Romano

1 pond spaghetti

1. Verhit de olie op middelhoog vuur in een koekenpan die groot genoeg is voor de gekookte pasta. Voeg de pepers, chilipepers en zout toe. Kook, af en toe roerend, 10 minuten.

2. Roer de knoflook erdoor. Dek af en kook nog 10 minuten of tot de paprika's heel zacht zijn. Haal van het vuur en roer de basilicum erdoor.

3. Breng minimaal 4 liter water aan de kook in een grote pan. Voeg 2 eetlepels zout toe en vervolgens de pasta, en duw deze voorzichtig naar beneden totdat de pasta volledig onder water

staat. Goed roeren. Kook, vaak roerend, tot de spaghetti al dente is, zacht en toch stevig. Houd wat van het kookvocht apart. Giet de pasta af en voeg deze samen met de saus toe aan de pan.

4. Kook op middelhoog vuur, onder voortdurend roeren, gedurende 1 minuut. Roer goed door en voeg een beetje van het achtergehouden pastawater toe. Voeg de kaas toe en schep opnieuw om. Serveer onmiddellijk.

Penne met Courgette, Basilicum en Eieren

Penne con Courgette en Uova

Maakt 4 tot 6 porties

De mythe dat pasta in China is "uitgevonden" en door Marco Polo naar Italië is gebracht, is hardnekkig. Terwijl noedels misschien in China werden gegeten toen Polo op bezoek was, was pasta in Italië al lang bekend lang voor zijn terugkeer naar Venetië in 1279. Archeologen hebben tekeningen en kookgerei gevonden die lijken op moderne gereedschappen voor het maken van pasta, zoals een deegroller en snijwiel, in een Etruskisch graf uit de vierde eeuw voor Christus, net ten noorden van Rome. De legende kan waarschijnlijk worden toegeschreven aan Hollywood's afbeelding van de Venetiaanse ontdekkingsreiziger in een film uit de jaren dertig met Gary Cooper in de hoofdrol.

In dit Napolitaanse recept kookt de hitte van de pasta en groenten de eieren tot ze net romig en licht gestold zijn.

4 middelgrote courgettes (ongeveer 1¼ pond), geschrobd

⅓ kopjes olijfolie

1 kleine ui, fijngesnipperd

Zout en versgemalen zwarte peper

3 grote eieren

1/2 kopjes vers geraspte Pecorino Romano of Parmigiano-Reggiano

1 pond penne

1/2 kopjes gescheurde verse basilicum of peterselie

1.Snijd de courgette in staafjes van 1/4-inch dik van ongeveer
   11/2 inch lang. Dep de stukken droog.

2.Giet de olie in een koekenpan die groot genoeg is voor de
   gekookte pasta. Voeg de ui toe en kook op middelhoog vuur, af
   en toe roerend, tot ze zacht zijn, ongeveer 5 minuten. Voeg de
   courgette toe en kook, onder regelmatig roeren, in ongeveer 10
   minuten lichtbruin. Breng op smaak met peper en zout.

3.Klop in een middelgrote kom de eieren met de kaas en peper en
   zout naar smaak.

4.Terwijl de courgette kookt, breng je ongeveer 4 liter water aan
   de kook in een grote pan. Voeg 2 eetlepels zout en de pasta toe.
   Goed roeren. Kook op hoog vuur, onder regelmatig roeren, tot de
   pasta al dente is, zacht en toch stevig. Houd wat van het

kookvocht apart. Giet de pasta af en voeg deze samen met de saus toe aan de pan.

5.Meng de pasta met het eimengsel. Voeg de basilicum toe en schep goed om. Roer een beetje van het kookvocht erdoor als de pasta droog lijkt. Voeg flink wat peper toe en serveer direct.

Pasta Met Erwten En Eieren

Pasta con Piselli

Maakt 4 porties

Mijn moeder maakte dit ouderwetse gerecht vaak als kind. Ze gebruikte erwten uit blik, maar ik gebruik graag diepvrieserwten omdat ze frisser smaken en steviger van structuur zijn. Het lijkt misschien in strijd met de traditie om de spaghetti in kleine stukjes te breken, maar dat is een aanwijzing voor de oorsprong van dit recept. Toen mensen arm waren en er veel monden te voeden waren, konden de ingrediënten gemakkelijk worden opgerekt door extra water toe te voegen en er een soep van te maken.

Dit is een van die stand-bygerechten die ik op elk moment kan samenstellen, aangezien ik zelden zonder een pakje erwten in de vriezer, pasta in de voorraadkast en een paar eieren in de koelkast zit. Omdat de erwten, eieren en pasta nogal vullend zijn, maak ik deze hoeveelheid meestal voor 4 porties. Voeg een volle pond pasta toe als je 6 tot 8 porties wilt.

¼ kopjes olijfolie

1 grote ui, in dunne plakjes gesneden

1 (10-ounce) pakket bevroren kleine erwten, gedeeltelijk ontdooid

Zout en versgemalen zwarte peper

2 grote eieren

1/2 kopjes vers geraspte Parmigiano-Reggiano

1/2 pond spaghetti of linguine, opgedeeld in stukken van 2 inch

1.Giet de olie in een koekenpan die groot genoeg is voor de pasta. Voeg de ui toe en kook op middelhoog vuur, af en toe roeren, tot de ui zacht en lichtbruin is, ongeveer 12 minuten. Roer de erwten erdoor en kook nog ongeveer 5 minuten, tot de erwten zacht zijn. Kruid met peper en zout.

2.Klop in een middelgrote kom de eieren met de kaas en peper en zout naar smaak.

3.Breng minimaal 4 liter water aan de kook in een grote pan. Voeg 2 eetlepels zout toe en daarna de pasta. Goed roeren. Kook op hoog vuur, onder regelmatig roeren, tot de pasta zacht maar lichtjes gaar is. Giet de pasta af, vang een deel van het kookvocht op.

4.Roer de pasta door de pan met de erwtjes. Voeg het eiermengsel toe en kook op laag vuur, onder voortdurend roeren, ongeveer 2 minuten, tot de eieren licht gestold zijn. Voeg een beetje van het kookvocht toe als de pasta droog lijkt. Serveer onmiddellijk.

Linguine met sperziebonen, tomaten en basilicum

Lingiune met Fagiolini

Maakt 4 tot 6 porties

Ricotta salata is een gezouten en geperste vorm van ricotta. Als je het niet kunt vinden, vervang dan een milde, ongezouten fetakaas of verse ricotta en geraspte pecorino. Deze pasta is typisch voor Puglia.

12 ons sperziebonen, bijgesneden

Zout

1/4 kopjes olijfolie

1 teen knoflook, fijngehakt

5 middelgrote tomaten, geschild, gezaaid en in stukjes gesneden (ongeveer 3 kopjes)

Vers gemalen zwarte peper

1 pond linguine

1/2 kopjes gehakte verse basilicum

1 kop geraspte ricotta salata, milde feta of verse ricotta

1.Breng ongeveer 4 liter water aan de kook. Voeg de sperziebonen en zout naar smaak toe. Kook 5 minuten of tot ze knapperig zijn. Schep de sperziebonen eruit met een schuimspaan of zeef en bewaar het water. Dep de bonen droog. Snijd de bonen in stukken van 1 inch.

2.Giet de olie in een koekenpan die groot genoeg is voor de gekookte pasta. Voeg de knoflook toe en kook op middelhoog vuur tot het licht goudbruin is, ongeveer 2 minuten.

3.Voeg de tomaten en peper en zout naar smaak toe. Kook, af en toe roerend, tot de tomaten dikker worden en het sap verdampt. Roer de bonen erdoor. Laat nog 5 minuten sudderen.

4.Breng ondertussen de pan met water weer aan de kook. Voeg 2 eetlepels zout toe en vervolgens de linguine, en duw deze voorzichtig naar beneden totdat de pasta volledig onder water staat. Kook op hoog vuur, onder regelmatig roeren, tot de pasta al dente is, zacht en toch stevig. Houd wat van het kookvocht apart. Giet de pasta af en voeg deze samen met de saus toe aan de pan.

5.Gooi de linguine met de saus in de pan. Voeg de basilicum en kaas toe en roer opnieuw op middelhoog vuur tot de kaas romig is. Serveer onmiddellijk.

Kleine Oortjes Met Aardappelroom En Rucola

Orecchiette met Crema di Patate

Maakt 4 tot 6 porties

Wilde rucola groeit overal in Puglia. Het is knapperig, met een smal, zaagtandblad en een aantrekkelijke nootachtige smaak. De bladeren worden zowel rauw als gekookt gegeten, vaak met pasta's. Aardappelen zijn zetmeelrijk, maar ze worden in Italië als gewoon een groente beschouwd, dus het is geen probleem om ze met pasta te serveren, vooral in Puglia. De aardappelen worden gaar gekookt en vervolgens met het kookwater gepureerd tot ze romig zijn.

2 medium kokende aardappelen, ongeveer 12 ons

Zout

1/4 kopjes olijfolie

1 teen knoflook, fijngehakt

1 pond orecchiette of schelpen

2 bosjes rucola (ongeveer 8 ons), harde stelen verwijderd, afgespoeld en uitgelekt

Zout en versgemalen zwarte peper

1.Schil de aardappelen en doe ze in een kleine pan met zout naar smaak en koud water om te bedekken. Breng het water aan de kook en kook de aardappelen gaar als ze met een scherp mes worden doorboord, ongeveer 20 minuten. Giet de aardappelen af, bewaar het water.

2.Giet de olie in een middelgrote pan. Voeg de knoflook toe en kook op middelhoog vuur tot de knoflook goudbruin is, ongeveer 2 minuten. Haal van het vuur. Voeg de aardappelen toe en pureer goed met een stamper of vork, roer er ongeveer een kopje van het gereserveerde water door om een dunne "room" te maken. Kruid met peper en zout.

3.Breng 4 liter water aan de kook. Voeg 2 eetlepels zout toe en daarna de pasta. Goed roeren. Kook op hoog vuur, onder regelmatig roeren, tot de pasta al dente is, zacht en toch stevig. Voeg de rucola toe en roer een keer om. Giet de pasta en rucola af.

4.Doe de pasta en rucola terug in de pan en voeg de aardappelsaus toe. Kook en roer op laag vuur, voeg indien nodig een beetje meer van het aardappelwater toe. Serveer onmiddellijk.

Pasta en Aardappelen

Pasta en Patat

Maakt 6 porties

Net als pasta met bonen of linzen, is pasta en aardappelen een mooi voorbeeld van la cucina povera, de Zuid-Italiaanse manier om een paar eenvoudige ingrediënten te nemen en er heerlijke gerechten van te maken. Toen de tijden erg mager waren en er veel monden waren om te voeden, was het de gewoonte om extra water toe te voegen, meestal de vloeistof die achterblijft bij het koken van groenten of het koken van pasta, en deze gerechten uit te breiden van een pasta tot een soep om ze verder te laten gaan.

¼ kopjes olijfolie

1 middelgrote wortel, gehakt

1 middelgrote bleekselderij, gehakt

1 middelgrote ui, gesnipperd

2 teentjes knoflook, fijngesneden

2 eetlepels gehakte verse bladpeterselie

3 eetlepels tomatenpuree

Zout en versgemalen zwarte peper

11⁄2 pond kokende aardappelen, geschild en in stukjes

1 pond tubetti of kleine schelpen

1⁄2 kopjes vers geraspte Pecorino Romano of Parmigiano-Reggiano

1. Giet de olie in een grote pan en voeg de gesneden ingrediënten toe, behalve de aardappelen. Kook op middelhoog vuur, af en toe roerend, tot ze zacht en goudbruin zijn, ongeveer 15 tot 20 minuten.

2. Roer de tomatenpuree en zout en peper naar smaak erdoor. Voeg de aardappelen en 4 kopjes water toe. Breng aan de kook en kook tot de aardappelen zacht zijn, ongeveer 30 minuten. Plet een deel van de aardappelen met de achterkant van een lepel.

3. Breng ongeveer 4 liter water aan de kook in een grote pan. Voeg 2 eetlepels zout toe en vervolgens de pasta. Goed roeren. Kook, vaak roerend, tot de pasta al dente is, zacht en toch stevig. Houd wat van het kookvocht apart. Roer de pasta door het aardappelmengsel. Voeg eventueel wat van het achtergehouden kookwater toe, maar het mengsel moet vrij dik blijven. Roer de kaas erdoor en serveer direct.

Schelpen Met Bloemkool En Kaas

Conchiglie al Cavolfiore

Maakt 6 porties

Veelzijdige bloemkool is de ster van veel pastagerechten in Zuid-Italië. Op Sicilië lieten we dit eenvoudige gerecht maken met de lokale paars getinte bloemkool.

1/2 kopje olijfolie

1 middelgrote ui, fijngesnipperd

1 middelgrote bloemkool, schoongemaakt en in hapklare roosjes gesneden

Zout

2 eetlepels gehakte verse bladpeterselie

Vers gemalen zwarte peper

1 pond schelpen

3/4 kopjes vers geraspte Pecorino Romano

1.Giet de olie in een koekenpan die groot genoeg is voor de gekookte pasta. Voeg de ui toe en bak 5 minuten op middelhoog vuur. Voeg de bloemkool en zout naar smaak toe. Dek af en kook 15 minuten of tot de bloemkool zacht is. Roer de peterselie en zwarte peper naar smaak erdoor.

2. Breng minimaal 4 liter water aan de kook in een grote pan. Voeg 2 eetlepels zout toe en daarna de pasta. Goed roeren. Kook op hoog vuur, onder regelmatig roeren, tot de pasta al dente is, zacht maar nog steeds stevig aan de bite. Giet de pasta af, vang een deel van het kookvocht op.

3. Voeg de pasta toe aan de pan met de bloemkool en roer goed op middelhoog vuur. Voeg eventueel wat van het kookvocht toe. Voeg de kaas toe en meng opnieuw met een royale maling van zwarte peper. Serveer onmiddellijk.

Pasta met bloemkool, saffraan en krenten

Pasta Arriminati

Maakt 6 porties

Siciliaanse bloemkoolsoorten variëren van paarswit tot erwtengroen en smaken heerlijk in de herfst en winter als ze vers worden geoogst. Dit is een van de vele Siciliaanse pasta- en bloemkoolcombinaties. De saffraan voegt een goudgele kleur en subtiele smaak toe, terwijl de krenten en ansjovis zoetheid en zoutheid toevoegen. Geroosterde broodkruimels zorgen voor een zachte crunch als finishing touch.

1 theelepel saffraandraadjes

2/3 kopjes krenten of donkere rozijnen

Zout

1 grote bloemkool (ongeveer 2 pond), bijgesneden en in roosjes gesneden

1/3 kopjes olijfolie

1 middelgrote ui, fijngesnipperd

6 ansjovisfilets, uitgelekt en in stukjes

Vers gemalen zwarte peper

⅓ kopjes pijnboompitten, licht geroosterd

1 pond penne of schelpen

¼ kopjes geroosterde broodkruimels

1.Besprenkel in een kleine kom de saffraandraadjes met 2 eetlepels heet water. Plaats de krenten in een andere kom met heet water om af te dekken. Laat beide ongeveer 10 minuten staan.

2.Breng minimaal 4 liter water aan de kook in een grote pan. Voeg 2 eetlepels zout en de bloemkool toe. Kook, onder regelmatig roeren, tot de bloemkool heel zacht is als je er met een mes in steekt, ongeveer 10 minuten. Verwijder de bloemkool met een schuimspaan en bewaar het water om de pasta te koken.

3.Giet de olie in een koekenpan die groot genoeg is voor de gekookte pasta. Voeg de ui toe en bak 10 minuten op middelhoog vuur. Voeg de ansjovis toe en kook nog 2 minuten, onder regelmatig roeren tot ze oplossen. Roer de saffraan en het weekvocht erdoor. Giet de krenten af en voeg ze toe aan de pan.

4.Roer de gekookte bloemkool erdoor. Schep wat van het kookvocht op en doe dit bij de bloemkool in de pan. Kook 10 minuten, breek de bloemkool met de achterkant van een lepel, tot hij in kleine stukjes is. Voeg naar smaak peper en zout toe. Roer de pijnboompitten erdoor.

5.Breng terwijl de bloemkool kookt het kookwater weer aan de kook. Voeg de pasta toe en roer goed door. Kook op hoog vuur, onder regelmatig roeren, tot de pasta al dente is, zacht en toch stevig. Houd wat van het kookvocht apart. Giet de pasta af en voeg deze toe aan de pan met het bloemkoolmengsel. Roer goed en voeg wat van het kookwater toe als de pasta droog lijkt.

6.Serveer de pasta bestrooid met de geroosterde broodkruimels.

Vlinderdassen met artisjokken en erwten

Farfalle met Carciofi

Maakt 4 tot 6 porties

Hoewel veel Italiaanse resorts tijdens de wintermaanden sluiten, gaan de meeste weer open met Pasen. Dat was het geval in Portofino toen ik er een jaar was, hoewel het weer regenachtig en kil was. Eindelijk klaarde de lucht op en kwam de zon door en konden mijn man en ik genieten van de lunch op het terras van ons hotel met uitzicht op de zee.

We begonnen met deze pasta, gevolgd door een hele vis, geroosterd met olijven. Het dessert was een citroentaart. Het was een perfect paasdiner.

Als er geen baby-artisjokken beschikbaar zijn, vervangt u grotere artisjokken, in partjes gesneden.

1 pond baby artisjokken

2 eetlepels olijfolie

1 kleine ui, fijngesnipperd

1 teen knoflook, fijngehakt

Zout en versgemalen zwarte peper

2 kopjes verse erwten of 1 (10-ounce) pakket bevroren

¹/2 kopjes gehakte verse basilicum of platte peterselie

1 pond farfalle

¹/2 kopjes vers geraspte Parmigiano-Reggiano

1.Snijd met een groot mes de bovenste 1 inch van de artisjokken af. Spoel ze goed af onder koud water. Buig terug en knip de kleine blaadjes rond de basis af. Knip met een schaar de puntige toppen van de resterende bladeren. Verwijder de harde buitenste schil van de stelen en rond de basis. Snijd de artisjokken doormidden. Gebruik een klein mes met een afgeronde punt om de pluizige bladeren in het midden eruit te schrapen. Snijd de artisjokken in dunne plakjes.

2.Giet de olijfolie in een koekenpan die groot genoeg is voor de gekookte pasta. Voeg de ui en knoflook toe en kook, onder af en toe roeren, op middelhoog vuur 10 minuten. Voeg de artisjokken en 2 eetlepels water toe. Voeg naar smaak peper en zout toe. Kook 10 minuten of tot de artisjokken zacht zijn.

3.Roer de erwten erdoor. Kook 5 minuten of tot de erwten gaar zijn. Haal van het vuur en roer de basilicum erdoor.

4.Breng minimaal 4 liter water aan de kook. Voeg 2 eetlepels zout toe en daarna de pasta. Goed roeren. Kook, vaak roerend, tot de pasta al dente is, zacht en toch stevig. Houd wat van het kookvocht apart. Giet de pasta af.

5.Meng de pasta met de artisjoksaus en eventueel een beetje kookvocht. Voeg een scheutje extra vergine olijfolie toe en schep opnieuw om. Bestrooi met de kaas en serveer direct.

Fettuccine met artisjokken en porcini

Fettuccine met Carciofi en Porcini

Maakt 4 tot 6 porties

Artisjokken en porcini klinkt misschien als een ongebruikelijke combinatie, maar niet in Ligurië, waar ik deze pasta at. Omdat dit gerecht zo smaakvol is, is geraspte kaas niet nodig, zeker niet als je het afmaakt met wat goede extra vergine olijfolie.

1 ons gedroogde porcini-paddenstoelen

1 kopje warm water

1 pond artisjokken

1/4 kopjes olijfolie

1 kleine ui, gesnipperd

1 teen knoflook, zeer fijn gesneden

2 eetlepels gehakte verse bladpeterselie

1 kop gepelde, gezaaide en gehakte verse tomaten of uitgelekte en gehakte geïmporteerde Italiaanse tomaten in blik

Zout en versgemalen zwarte peper

1 pond gedroogde fettuccine

Extra vergine olijfolie

1.Doe de champignons in het water en laat 30 minuten weken. Haal de paddenstoelen uit het water en bewaar het vocht. Spoel de paddenstoelen onder koud stromend water om alle gruis te verwijderen, let vooral op de uiteinden van de stengels waar de aarde zich ophoopt. Hak de champignons grof. Zeef het paddenstoelenvocht in een kom. Opzij zetten.

2.Snijd met een groot mes de bovenste 1 inch van de artisjokken af. Spoel ze goed af onder koud water. Buig terug en knip de kleine blaadjes rond de basis af. Knip met een schaar de puntige toppen van de resterende bladeren. Verwijder de harde buitenste schil van de stelen en rond de basis. Snijd de artisjokken doormidden. Gebruik een klein mes om de pluizige bladeren in het midden eruit te schrapen. Snijd de artisjokken in dunne plakjes.

3.Giet de olie in een koekenpan die groot genoeg is voor de gekookte pasta. Voeg de ui, champignons, peterselie en knoflook toe en kook 10 minuten op middelhoog vuur. Roer de artisjokken, tomaten en zout en peper naar smaak erdoor. Kook

10 minuten. Voeg het champignonvocht toe en kook nog 10 minuten of tot de artisjokken gaar zijn als je test met een mes.

4. Breng 4 liter water aan de kook in een grote pan. Voeg 2 eetlepels zout toe en daarna de pasta. Goed roeren. Kook op hoog vuur, onder regelmatig roeren, tot de pasta al dente is, zacht en toch stevig. Houd wat van het kookvocht apart. Giet de pasta af.

5. Meng de pasta met de saus en eventueel een beetje kookvocht. Besprenkel met extra vergine olijfolie en serveer direct.

Rigatoni met Aubergine Ragù

Rigatoni met Ragù di Melanzane

Maakt 4 tot 6 porties

Vlees wordt meestal toegevoegd aan tomatensaus om een ragù te maken, maar deze vegetarische versie van Basilicata gebruikt aubergine omdat het even rijk en smaakvol is.

Rigain de naam van een pastavorm, zoals rigatoni of penne rigate, geeft aan dat het ribbels heeft die fungeren als grijpers voor de saus. Rigatoni zijn grote, gegroefde pastakokers. Hun dikte en grote vorm vullen hartige vodden aan met stevige ingrediënten.

¼ kopjes olijfolie

¼ kopjes gehakte sjalotten

4 kopjes gehakte aubergine

½ kopjes gehakte rode paprika

½ kopje droge witte wijn

11/2 pond pruimtomaten, geschild, gezaaid en in stukjes gesneden, of 2 kopjes geïmporteerde Italiaanse tomaten uit blik met hun sap

Een takje verse tijm

Zout

Vers gemalen zwarte peper

1 pond rigatoni, penne of farfalle

Extra vergine olijfolie, om te besprenkelen

1.Giet de olie in een grote, zware koekenpan. Voeg de sjalotten toe en bak 1 minuut op middelhoog vuur. Voeg de aubergine en rode peper toe. Kook, onder regelmatig roeren, tot de groenten geslonken zijn, ongeveer 10 minuten.

2.Voeg de wijn toe en kook 1 minuut tot deze verdampt is.

3.Voeg de tomaten, tijm, zout en peper naar smaak toe. Zet het vuur laag. Kook, af en toe roerend, 40 minuten of tot de saus dik is en de groenten heel zacht zijn. Als het mengsel te droog wordt, roer er dan wat water door. Verwijder de tijm.

4.Breng minimaal 4 liter water aan de kook in een grote pan. Voeg 2 eetlepels zout toe en daarna de pasta. Goed roeren. Kook op hoog vuur, onder regelmatig roeren, tot de pasta al dente is, zacht en toch stevig. Houd wat van het kookvocht apart. Giet de pasta af en doe deze in een warme serveerschaal.

5.Lepel de saus erover en schep goed om, voeg zo nodig een beetje kookvocht toe. Besprenkel met wat extra vergine olijfolie en schep opnieuw om. Serveer onmiddellijk.

Siciliaanse Spaghetti Met Aubergine

Spaghetti alla norma

Maakt 4 tot 6 porties

norma is de naam van een prachtige opera gecomponeerd door de Siciliaan Vincenzo Bellini. Deze pasta, gemaakt met aubergine - een geliefde groente op Sicilië - werd genoemd ter ere van de opera.

Ricotta salata is een geperste vorm van ricotta die goed gesneden is als eetkaas of geraspt over pasta. Er is ook een gerookte versie die bijzonder lekker is, hoewel ik hem nog nooit buiten Sicilië heb gezien. Als je ricotta salata niet kunt vinden, vervang dan feta, die erg op elkaar lijkt, of gebruik Pecorino Romano.

1 middelgrote aubergine, bijgesneden en in plakjes van 1/4-inch dik gesneden

Zout

Olijfolie om te frituren

2 teentjes knoflook, licht geperst

Snufje gemalen rode peper

3 pond rijpe pruimtomaten, geschild, gezaaid en gehakt, of 1 (28-ounce) kan geïmporteerde Italiaanse gepelde tomaten, uitgelekt en in stukjes gesneden

6 verse basilicumblaadjes

1 pond spaghetti

1 kop geraspte ricotta salata of Pecorino Romano

1. Leg de aubergineplakken in een vergiet over een bord en besprenkel elke laag met zout. Laat 30 tot 60 minuten staan. Spoel de aubergine af en dep ze goed droog met keukenpapier.

2. Giet ongeveer 1/2 inch olie in een diepe, zware koekenpan. Verhit de olie op middelhoog vuur tot een klein stukje van de aubergine sist als je het in de pan doet. Bak de aubergineplakken met een paar tegelijk aan beide kanten goudbruin. Laat uitlekken op keukenpapier.

3. Giet 3 eetlepels olie in een middelgrote pan. Voeg de knoflook en geplette rode peper toe en kook op middelhoog vuur tot de knoflook diep goudbruin is, ongeveer 4 minuten. Verwijder de knoflook. Voeg de tomaten en zout naar smaak toe. Zet het vuur laag en laat 20 tot 30 minuten sudderen of tot de saus is ingedikt. Roer de basilicum erdoor en zet het vuur uit.

4. Breng minimaal 4 liter water aan de kook in een grote pan. Voeg 2 eetlepels zout toe en daarna de pasta. Goed roeren. Kook op hoog vuur, onder regelmatig roeren, tot de pasta al dente is, zacht maar nog steeds stevig aan de bite. Houd wat van het kookvocht apart. Giet de pasta af.

5. Gooi de pasta met de saus in een warme serveerschaal, voeg zo nodig een beetje kookvocht toe. Voeg de kaas toe en schep opnieuw om. Bestrooi met de aubergineplakken en serveer direct.

Vlinderdassen met Broccoli, Tomaten, Pijnboompitten en Rozijnen

Farfalle alla Siciliana

Maakt 4 tot 6 porties

Pijnboompitten zorgen voor een aangename crunch en rozijnen geven zoetheid aan deze heerlijke Siciliaanse pasta. De broccoli wordt in dezelfde pan gekookt als de pasta, waardoor de smaken echt bij elkaar komen. Als je merkt dat je grote ronde tomaten hebt in plaats van de pruimvariëteit, kun je ze vervangen, hoewel de saus dunner is en misschien iets langer moet koken.

1/3 kopjes olijfolie

2 teentjes knoflook, fijngesneden

Snufje gemalen rode peper

21/2 pond verse pruimtomaten (ongeveer 15), geschild, gezaaid en in stukjes gesneden

Zout en versgemalen zwarte peper

2 eetlepels rozijnen

1 pond farfalle

1 middelgrote bos broccoli, stelen verwijderd en in kleine roosjes gesneden

2 eetlepels geroosterde pijnboompitten

1.Giet de olie in een koekenpan die groot genoeg is voor de pasta. Voeg de knoflook en geplette rode peper toe. Kook op middelhoog vuur tot de knoflook goudbruin is, ongeveer 2 minuten. Voeg de tomaten en peper en zout naar smaak toe. Breng aan de kook en kook tot de saus is ingedikt, 15 tot 20 minuten. Roer de rozijnen erdoor en haal van het vuur.

2.Breng minimaal 4 liter water aan de kook in een grote pan. Voeg 2 eetlepels zout toe en daarna de pasta. Goed roeren. Kook, onder regelmatig roeren, tot het water weer kookt.

3.Voeg de broccoli toe aan de pasta. Kook, onder regelmatig roeren, tot de pasta al dente is, zacht en toch stevig. Houd wat van het kookvocht apart.

4.Giet de pasta en broccoli af. Voeg ze toe aan de pan met de tomaten, voeg eventueel een beetje van het kookvocht toe. Goed gooien. Bestrooi met pijnboompitten en serveer direct.

Cavatelli met knoflookgroenten en aardappelen

Cavatelli met Verdure en Patate

Maakt 4 tot 6 porties

Groenten wassen is misschien niet mijn favoriete taak, maar het vinden van gruis in mijn eten is nog erger, dus ik was ze minstens drie keer. Het is de moeite waard. Je kunt in dit recept maar één variëteit gebruiken, maar een mix van twee of drie verschillende soorten groen geeft het gerecht een interessante textuur en smaak.

De aardappelen in dit recept moeten in kleine stukjes worden gesneden, zodat ze samen met de pasta koken. Uiteindelijk zijn ze wat te gaar en kruimelig en geven ze een smeuïge smeuïgheid aan de pasta.

11/2 pond geassorteerde groenten, zoals broccoli rabe, mizuna, mosterd, boerenkool of paardebloemen, getrimd

Zout

1/3 kopjes olijfolie

4 teentjes knoflook, in dunne plakjes

Snufje gemalen rode peper

Zout en versgemalen zwarte peper

1 pond cavatelli

1 pond kokende aardappelen, geschild en in stukjes van 2,5 cm gesneden

1.Vul een gootsteen of grote kom met koud water. Voeg de greens toe en draai ze in het water. Doe de greens over in een vergiet, ververs het water en herhaal dit nog minstens twee keer om alle sporen van zand te verwijderen.

2.Breng een grote pan water aan de kook. Voeg de greens en zout naar smaak toe. Kook tot de greens zacht zijn, 5 tot 10 minuten, afhankelijk van de variëteiten die je gebruikt. Giet de greens af en laat ze iets afkoelen onder koud stromend water. Snijd de greens in hapklare stukjes.

3.Giet de olie in een koekenpan die groot genoeg is voor de gekookte pasta. Voeg de knoflook en geplette rode peper toe. Kook op middelhoog vuur tot de knoflook goudbruin is, 2 minuten. Voeg de greens en een snufje zout toe. Kook, al roerend, tot de groenten bedekt zijn met olie, ongeveer 5 minuten.

4.Breng minimaal 4 liter water aan de kook in een grote pan. Voeg 2 eetlepels zout toe en daarna de pasta. Kook, onder regelmatig roeren, tot het water weer kookt. Voeg de aardappelen toe en kook tot de pasta al dente is, zacht en toch stevig. Houd wat van het kookvocht apart. Giet de pasta af.

5. Voeg de pasta en aardappelen toe aan de groenten en schep goed om. Voeg een beetje van het achtergehouden kookwater toe als de pasta droog lijkt. Serveer onmiddellijk.

Linguine Met Courgette

Linguine met Courgette

Maakt 4 tot 6 porties

Weersta de drang om elke, behalve kleine tot middelgrote courgette te kopen, en zeg nee, dank aan tuinvrienden die wanhopig pompoenen ter grootte van een teckel aanbieden. Reuzencourgettes zijn waterig, louche en smaakloos, maar die de lengte van een hotdog, en niet dikker dan een klopworst, zijn mals en heerlijk.

Ik hou vooral van Pecorino Romano - een scherpe en pittige kaas van schapenmelk uit Zuid-Italië - in dit recept.

6 kleine groene of gele courgettes (ongeveer 2 pond)

1/3 kopjes olijfolie

3 teentjes knoflook, fijngehakt

Zout en versgemalen zwarte peper

1/4 kopjes gehakte verse basilicum

2 eetlepels gehakte verse bladpeterselie

1 eetlepel gehakte verse tijm

1 pond linguine

¹⁄2 kopjes vers geraspte Pecorino Romano

1.Boen de courgette onder koud water. Knip de uiteinden af. Snijd
  in de lengte in vieren en vervolgens in plakjes.

2.Verhit de olie op middelhoog vuur in een koekenpan die groot
  genoeg is voor de pasta. Voeg de courgette toe en kook, onder af
  en toe roeren, in ongeveer 10 minuten lichtbruin en zacht. Duw
  de courgette naar de zijkant van de pan en voeg de knoflook,
  zout en peper toe. Kook gedurende 2 minuten. Voeg de kruiden
  toe, roer de courgette terug door de kruiden en haal van het
  vuur.

3.Terwijl de courgette kookt, breng 4 liter water aan de kook in
  een grote pan. Voeg 2 eetlepels zout toe en daarna de pasta.
  Goed roeren. Kook op hoog vuur, onder regelmatig roeren, tot de
  pasta al dente is, zacht en toch stevig. Houd wat van het
  kookvocht apart.

4.Giet de pasta af. Doe de pasta in de pan met de courgette. Roer
  goed door elkaar, voeg eventueel wat van het kookvocht toe.
  Voeg de kaas toe en schep opnieuw om. Serveer onmiddellijk.

Penne met Gegrilde Groenten

Pasta con Verdure alla Griglia

Maakt 4 tot 6 porties

Hoewel ik de schil normaal gesproken op aubergines laat, heeft grillen de neiging om de schil taai te maken, dus ik schil het eraf voordat ik de grill aansteek. En als uw aubergines niet vers van de boerderij zijn, wilt u ze misschien voor het koken zouten om de bitterheid te verminderen, die toeneemt naarmate de groente rijpt. Om dit te doen, schil en snijd de aubergine in plakjes, leg de plakjes vervolgens in een vergiet en besprenkel elke laag met grof zout. Laat 30 tot 60 minuten staan om vloeistof te verwijderen. Spoel het zout eraf, dep droog en kook zoals aangegeven.

2 pond pruimtomaten (ongeveer 12)

Olijfolie

1 middelgrote aubergine, geschild en in dikke plakken gesneden

2 middelgrote rode of witte zoete uien, dik gesneden

Zout en versgemalen zwarte peper

2 teentjes knoflook, zeer fijn gesneden

12 blaadjes verse basilicum, in kleine stukjes gescheurd

1 pond penne

¹/2 kopjes vers geraspte Pecorino Romano

1. Plaats een barbecuegrill of vleeskuikenrek ongeveer 10 cm van de warmtebron. Verwarm de grill of grill voor. Leg de tomaten op de grill. Kook, draai regelmatig met een tang, tot de tomaten zacht zijn en de schil licht verkoold en losgemaakt. Verwijder de tomaten. Bestrijk de plakken aubergine en ui met olie en bestrooi ze met zout en peper. Grill tot de groenten zacht en bruin zijn, maar niet zwart, ongeveer 5 minuten aan elke kant.

2. Haal de tomatenschillen eraf en knip de steeluiteinden eruit. Doe de tomaten in een grote serveerschaal en prak ze fijn met een vork. Roer de knoflook, basilicum, 1/4 kopje olie en zout en peper naar smaak erdoor.

3. Snijd de aubergine en uien in dunne reepjes en voeg ze toe aan de tomaten.

4. Breng minimaal 4 liter water aan de kook in een grote pan. Voeg 2 eetlepels zout toe en daarna de pasta. Goed roeren. Kook op hoog vuur, onder regelmatig roeren, tot de pasta al dente is, zacht en toch stevig. Houd wat van het kookvocht apart.

5.Giet de pasta af. Meng in een grote serveerschaal de pasta met de
groenten. Voeg wat van het kookvocht toe als de pasta droog
lijkt. Voeg de kaas toe en serveer direct.

Penne met champignons, knoflook en rozemarijn

Penne met Funghi

Maakt 4 tot 6 porties

Je kunt in dit recept elke soort paddenstoel gebruiken die je lekker vindt, zoals oester, shiitake, cremini of de standaard witte variant. Vooral een combinatie is goed. Als je echt wilde paddenstoelen hebt, zoals morieljes, maak ze dan heel goed schoon, want ze kunnen erg korrelig zijn.

¼ kopjes olijfolie

1 pond champignons, in dunne plakjes

2 grote teentjes knoflook, fijngehakt

2 theelepels zeer fijngehakte verse rozemarijn

Zout en versgemalen zwarte peper

1 pond penne of farfalle

2 eetlepels ongezouten boter

2 eetlepels gehakte verse peterselie

1.Verhit de olie op middelhoog vuur in een koekenpan die groot genoeg is voor de pasta. Voeg de champignons, knoflook en rozemarijn toe. Kook, onder regelmatig roeren, tot de champignons hun vocht beginnen af te geven, ongeveer 10 minuten. Voeg naar smaak peper en zout toe. Kook, vaak roerend, tot de champignons lichtbruin zijn, ongeveer 5 minuten langer.

2.Breng minimaal 4 liter water aan de kook in een grote pan. Voeg 2 eetlepels zout toe en daarna de pasta. Goed roeren. Kook op hoog vuur, onder regelmatig roeren, tot de pasta al dente is, zacht en toch stevig. Houd wat van het kookvocht apart.

3.Giet de pasta af. Gooi de pasta in de pan met de champignons, boter en peterselie. Voeg een beetje van het kookvocht toe als de pasta droog lijkt. Serveer onmiddellijk.

Linguine Met Bieten En Knoflook

Linguine met Barbabietole

Maakt 4 tot 6 porties

Pasta en bieten klinken misschien als een ongebruikelijke combinatie, maar sinds ik het in een klein stadje aan de kust van Emilia-Romagna heb geproefd, is het een favoriet van mij. Het is niet alleen heerlijk, maar het is ook een van de mooiste pastagerechten die ik ken. Iedereen zal versteld staan van de prachtige kleur. Maak dit in de late zomer en vroege herfst wanneer verse rode bieten op hun zoetst zijn.

8 middelgrote rode bieten, schoongemaakt

⅓ kopjes olijfolie

3 teentjes knoflook, fijngehakt

Snufje gemalen rode peper, of naar smaak

Zout

1 pond linguine

1.Plaats een rooster in het midden van de oven. Verwarm de oven voor op 450 ° F. Boen de bieten en wikkel ze in een groot stuk aluminiumfolie, goed afsluitend. Leg het pakket op een bakplaat. Bak 45 tot 75 minuten, afhankelijk van de grootte, of tot de bieten zacht aanvoelen als ze met een scherp mes door de folie worden gestoken. Laat de bieten afkoelen in de folie. Schil en snijd de bieten.

2.Giet de olie in een koekenpan die groot genoeg is voor de gekookte pasta. Voeg de knoflook en geplette rode peper toe. Kook op middelhoog vuur tot de knoflook goudbruin is, ongeveer 2 minuten. Voeg de bieten toe en roer ze door het oliemengsel tot ze net gaar zijn.

3.Breng minimaal 4 liter water aan de kook in een grote pan. Voeg 2 eetlepels zout toe en daarna de pasta. Goed roeren. Kook op hoog vuur, onder regelmatig roeren, tot de pasta al dente is, zacht en toch stevig.

4.Giet de pasta af, vang een deel van het kookvocht op. Schenk de linguine bij de bieten in de pan. Voeg wat van het kookwater toe en kook op middelhoog vuur, draai de pasta met een vork en lepel tot deze gelijkmatig gekleurd is, ongeveer 2 minuten. Serveer onmiddellijk.

Vlinderdassen met Bieten en Groenen

Farfalle met Barbabietole

Maakt 4 tot 6 porties

Dit is een variatie op deLinguine Met Bieten En Knoflookrecept, met zowel de bieten als de bietengranen. Als de bovenkant van de bieten er slap of bruin uitziet, vervang dan een pond of zo verse spinazie, snijbiet of andere groenten.

1 bosje verse rode bieten met dop (4 à 5 bieten)

⅓ kopjes olijfolie

2 grote teentjes knoflook, fijngehakt

Zout en versgemalen zwarte peper

1 pond farfalle

4 ons ricotta salata, versnipperd

1.Plaats een rooster in het midden van de oven. Verwarm de oven voor op 450 ° F. Snijd de bietengranen af en zet apart. Boen de bieten en wikkel ze in een groot stuk aluminiumfolie, goed afsluitend. Leg het pakket op een bakplaat. Bak 45 tot 75 minuten, afhankelijk van de grootte, of tot de bieten zacht aanvoelen als ze met een scherp mes door de folie worden gestoken. Laat de bieten afkoelen in de folie. Haal de folie uit de verpakking, schil en snijd de bieten in stukjes.

2. Was de greens goed en verwijder de harde stelen. Breng een grote pan water aan de kook. Voeg de greens en zout naar smaak toe. Kook 5 minuten of tot de greens bijna gaar zijn. Giet de greens af en koel ze onder stromend water. Hak de greens grof.

3. Giet de olie in een koekenpan die groot genoeg is voor alle pasta en groenten. Voeg de knoflook toe. Kook op middelhoog vuur tot de knoflook goudbruin is, ongeveer 2 minuten. Voeg de bieten en greens en een snufje zout en peper toe. Kook, al roerend, ongeveer 5 minuten of tot de groenten erdoor verwarmd zijn.

4. Breng minimaal 4 liter water aan de kook in een grote pan. Voeg 2 eetlepels zout toe en daarna de pasta. Goed roeren. Kook op hoog vuur, onder regelmatig roeren, tot de pasta al dente is, zacht en toch stevig.

5. Giet de pasta af, vang een deel van het kookvocht op. Voeg de pasta toe aan de pan met de bieten. Voeg wat van het kookwater toe en kook, onder voortdurend roeren, tot het egaal gekleurd is, ongeveer 1 minuut. Voeg de kaas toe en roer opnieuw. Serveer direct met een flinke scheut versgemalen zwarte peper.

Pasta Met Salade

Pasta al Insalata

Maakt 4 tot 6 porties

Pasta met een frisse groentesalade is een heerlijk licht zomers gerecht. Ik had dit tijdens een bezoek aan vrienden in Piemonte. Laat het niet te lang staan, anders verliezen de groenten hun heldere smaak en uiterlijk.

2 middelgrote tomaten, in stukjes

1 middelgrote venkelknol, schoongemaakt en in hapklare stukjes gesneden

1 kleine rode ui, gesnipperd

¼ kopjes extra vergine olijfolie

2 eetlepels basilicum in dunne linten gesneden

Zout en versgemalen zwarte peper

2 kopjes getrimde rucola, in hapklare stukjes gescheurd

1 pond ellebogen

1. Meng in een grote serveerschaal de tomaten, venkel, ui, olijfolie, basilicum en zout en peper naar smaak. Goed roeren. Werk af met rucola.

2. Breng minimaal 4 liter water aan de kook in een grote pan. Voeg 2 eetlepels zout toe en daarna de pasta. Kook op hoog vuur, onder regelmatig roeren, tot de pasta al dente is, zacht en toch stevig. Houd wat van het kookvocht apart. Giet de pasta af.

3. Meng de pasta met het salademengsel. Voeg een beetje van het kookvocht toe als de pasta droog lijkt. Serveer onmiddellijk.

Fusilli Met Geroosterde Tomaten

Fusilli con Pomodori al Forno

Maakt 4 tot 6 porties

Geroosterde tomaten zijn een favoriet bijgerecht in mijn huis, iets wat ik serveer met vis, kalfskoteletten of biefstuk. Op een dag had ik een grote pan vol klaargemaakt, maar ik had niets om ze bij te serveren behalve wat gedroogde pasta. Ik gooide de geroosterde tomaten en hun sappen met vers gekookte fusilli. Nu maak ik het altijd.

2 pond rijpe pruimtomaten (ongeveer 12 tot 14), in plakjes van 1,5 cm dik gesneden

3 grote teentjes knoflook, fijngehakt

1/2 theelepel gedroogde oregano

Zout en versgemalen zwarte peper

1/3 kopjes olijfolie

1 pond fusilli

1/2 kopjes gehakte verse basilicum of platte peterselie

1.Plaats een rooster in het midden van de oven. Verwarm de oven voor op 400 ° F. Vet een ovenschaal of braadslede van 13 × 9 × 2-inch in.

2.Verdeel de helft van de plakjes tomaat over de voorbereide schaal. Bestrooi met de knoflook, oregano en peper en zout naar smaak. Garneer met de overige tomaten. Besprenkel met de olie.

3.Bak tot de tomaten heel zacht zijn, 30 tot 40 minuten. Haal de schaal uit de oven.

4.Breng minimaal 4 liter water aan de kook in een grote pan. Voeg 2 eetlepels zout toe en daarna de pasta. Goed roeren. Kook op hoog vuur, onder regelmatig roeren, tot de pasta al dente is, zacht en toch stevig. Giet de pasta af, vang een deel van het kookvocht op.

5.Leg de pasta op de gebakken tomaten en schep goed om. Voeg de basilicum of peterselie toe en schep opnieuw om, voeg wat van het bewaarde kookwater toe als de pasta droog lijkt. Serveer onmiddellijk.

Ellebogen met aardappelen, tomaten en rucola

La Bandiera

Maakt 6 tot 8 porties

In Puglia wordt deze pasta "de vlag" genoemd, omdat hij het rood, wit en groen van de Italiaanse vlag heeft. Sommige koks maken het met meer vloeistof en serveren het als soep.

¼ kopjes olijfolie

2 grote teentjes knoflook, fijngehakt

Snufje gemalen rode peper

1½ pond rijpe pruimtomaten, geschild, gezaaid en gehakt (ongeveer 3 kopjes)

2 eetlepels gehakte verse basilicum

Zout en versgemalen zwarte peper

1 pond ellebogen

3 middelmatig kokende aardappelen (1 pond), geschild en in stukken van 2,5 cm gesneden

2 bosjes rucola, bijgesneden en in stukken van 1 inch gesneden (ongeveer 4 kopjes)

⅓ kopjes vers geraspte Pecorino Romano

1.Giet de olie in een koekenpan die groot genoeg is voor de pasta. Voeg de knoflook en geplette rode peper toe. Kook op middelhoog vuur tot de knoflook goudbruin is, 2 minuten.

2.Voeg de tomaten, basilicum en peper en zout naar smaak toe. Breng aan de kook en kook, af en toe roerend, tot de saus iets is ingedikt, ongeveer 10 minuten.

3.Breng minimaal 4 liter water aan de kook in een grote pan. Voeg 2 eetlepels zout toe en daarna de pasta. Goed roeren. Als het water weer kookt, roer je de aardappelen erdoor. Kook, onder regelmatig roeren, tot de pasta al dente is, zacht en toch stevig.

4.Giet de pasta en de aardappelen af, vang een deel van het kookvocht op. Roer de pasta, aardappelen en rucola door de sudderende tomatensaus. Kook, al roerend, 1 tot 2 minuten of tot de pasta en groenten goed bedekt zijn met de saus. Voeg wat van het achtergehouden kookwater toe als de pasta droog lijkt.

5.Roer de kaas erdoor en serveer direct.

Romeinse landelijke linguine

Linguine alla Ciociara

Maakt 4 tot 6 porties

Mijn vrienden Diane Darrow en Tom Maresca, die schrijven over Italiaanse wijn en eten, hebben me kennis laten maken met deze Romeinse pasta. De naam betekent "boerin-stijl" in het lokale dialect. De frisse, grasachtige smaak van groene paprika maakt deze eenvoudige pasta ongebruikelijk.

1 middelgrote groene paprika

1/2 kopje olijfolie

2 kopjes geschilde, gezaaide en gehakte verse tomaten of uitgelekte en gehakte ingeblikte Italiaanse geïmporteerde tomaten

1/2 kopje grof gehakte Gaeta of andere milde olie-uitgeharde zwarte olijven

Zout

Snufje gemalen rode peper

1 pond linguine of spaghetti

1/2 kopjes vers geraspte Pecorino Romano

1.Snijd de paprika doormidden en verwijder het steeltje en de
zaadjes. Snijd de paprika in de lengte in zeer dunne plakjes en
snijd de plakjes vervolgens kruiselings in drieën.

2.In een koekenpan die groot genoeg is voor de gekookte
spaghetti, verwarm de olie op middelhoog vuur. Voeg de
tomaten, peper, olijven, zout naar smaak en gemalen rode peper
toe. Breng aan de kook en kook, af en toe roerend, tot de saus
iets dikker is, ongeveer 20 minuten.

3.Breng minimaal 4 liter water aan de kook in een grote pan. Voeg
2 eetlepels zout toe en daarna de pasta. Goed roeren. Kook op
hoog vuur, onder regelmatig roeren, tot de pasta al dente is,
zacht en toch stevig. Giet de pasta af, vang een deel van het
kookvocht op.

4.Voeg de pasta toe aan de pan met de saus. Kook en roer 1
minuut op middelhoog vuur, voeg wat van het bewaarde
kookwater toe als de pasta droog lijkt. Voeg de kaas toe en schep
opnieuw om. Serveer onmiddellijk.

Penne met Lentegroenten en Knoflook

Penne alla Primavera

Maakt 4 tot 6 porties

Hoewel de klassieke manier om een primaverasaus te maken met slagroom en boter is, is deze methode op basis van olijfolie op smaak gebracht met knoflook ook goed.

¼ kopjes olijfolie

4 teentjes knoflook, fijngesneden

8 asperges, in hapklare lengtes gesneden

4 groene uien, in plakjes van 1⁄4-inch gesneden

3 zeer kleine courgettes (ongeveer 12 ons), in plakjes van 1⁄4-inch gesneden

2 middelgrote wortelen, in plakjes van 1⁄4-inch gesneden

2 eetlepels water

Zout en versgemalen zwarte peper

2 kopjes kleine cherry- of druiventomaten, gehalveerd

3 eetlepels gehakte verse bladpeterselie

¹/2 kopjes vers geraspte Pecorino Romano

1.Giet de olie in een koekenpan die groot genoeg is voor de pasta. Voeg de knoflook toe en bak 2 minuten op middelhoog vuur. Roer de asperges, groene uien, courgette, wortelen, water en zout en peper naar smaak erdoor. Dek de pan af en zet het vuur lager. Kook tot de wortelen bijna gaar zijn, 5 tot 10 minuten.

2.Breng minimaal 4 liter water aan de kook in een grote pan. Voeg 2 eetlepels zout toe en daarna de pasta. Goed roeren. Kook op hoog vuur, onder regelmatig roeren, tot de pasta al dente is, zacht en toch stevig. Giet de pasta af, vang een deel van het kookvocht op.

3.Roer de tomaten en peterselie door de pan met de groenten en schep goed om. Voeg de pasta en kaas toe en schep opnieuw om, voeg wat van het bewaarde kookwater toe als de pasta droog lijkt. Serveer onmiddellijk.

"Gesleepte" pasta met room en champignons

Pasta Strascinata

Maakt 4 tot 6 porties

De belangrijkste reden om Torgiano in Umbrië te bezoeken is om te verblijven in Le Tre Vaselle, een prachtige landelijke herberg met een prima restaurant. Mijn man en ik aten daar enkele jaren geleden deze ongewone "gesleepte" pasta. Korte, puntige pastabuizen, bekend als pennette, werden in de saus gekookt, in de stijl van risotto. Ik heb pasta nog nooit ergens anders op deze manier gekookt.

Omdat de techniek heel anders is, moet u het recept lezen voordat u begint en dat u de bouillon en alle ingrediënten bij de hand hebt voordat u begint.

De Lungarotti-familie van wijnmakers bezit Le Tre Vaselle, en een van hun uitstekende rode wijnen, zoals Rubesco, zou ideaal zijn bij deze pasta.

1 middelgrote ui, fijngesnipperd

6 eetlepels olijfolie

1 pond pennette, ditalini of tubetti

2 eetlepels Cognac

5 kopjes hete zelfgemaakteVleesbouillonofKippen bouillonof 2 kopjes
ingeblikte bouillon gemengd met 3 kopjes water

8 ons gesneden witte champignons

Zout en versgemalen zwarte peper

³/4 kopjes slagroom

1 kopje vers geraspte Parmigiano-Reggiano

1 eetlepel gehakte verse bladpeterselie

1. In een koekenpan die groot genoeg is om alle pasta te bevatten,
kook de ui in 2 eetlepels olie op middelhoog vuur tot ze zacht en
goudbruin zijn, ongeveer 10 minuten. Schraap de ui in een
schaal en veeg de pan schoon.

2. Giet de resterende 4 eetlepels olie in de pan en verwarm op
middelhoog vuur. Voeg de pasta toe en kook, onder vaak roeren,
tot de pasta bruin begint te worden, ongeveer 5 minuten. Voeg
de Cognac toe en kook tot het verdampt.

3.Doe de ui terug in de pan en roer er 2 kopjes van de hete bouillon door. Draai het vuur middelhoog en kook, vaak roerend, tot het grootste deel van de bouillon is opgenomen. Roer er nog 2 kopjes bouillon door. Als het meeste vocht is opgenomen, roer je de champignons erdoor. Terwijl je blijft roeren, voeg je de resterende bouillon beetje bij beetje toe om de pasta vochtig te houden. Breng op smaak met peper en zout.

4.Na ongeveer 12 minuten vanaf het moment dat je de bouillon begon toe te voegen, zou de pasta bijna beetgaar moeten zijn, zacht en toch stevig. Roer de room erdoor en laat sudderen tot het iets ingedikt is, ongeveer 1 minuut.

5.Haal de pan van het vuur en roer de kaas erdoor. Roer de peterselie erdoor en serveer direct.

Romeinse Tomaat en Mozzarella Pasta

Pasta alla Checca

Maakt 4 tot 6 porties

Toen mijn man deze pasta voor het eerst in Rome proefde, vond hij hem zo lekker dat hij hem praktisch elke dag van ons verblijf at. Gebruik zeker een smeuïge verse mozzarella en echt rijpe tomaten. Het is de perfecte pasta voor een zomerdag.

3 middelgrote rijpe tomaten

¼ kopjes extra vergine olijfolie

1 klein teentje knoflook, fijngehakt

Zout en versgemalen zwarte peper

20 basilicumblaadjes

1 pond tubetti of ditalini

8 ons verse mozzarella, in kleine blokjes gesneden

1.Snijd de tomaten doormidden en verwijder het klokhuis. Knijp de tomatenzaadjes eruit. Snijd de tomaten in stukjes en doe ze in een kom die groot genoeg is voor alle ingrediënten.

2. Roer de olie, knoflook en peper en zout naar smaak erdoor. Stapel de basilicumblaadjes op elkaar en snijd ze in dunne linten. Roer de basilicum door de tomaten. Deze saus kan van tevoren worden gemaakt en tot 2 uur op kamertemperatuur worden bewaard.

3. Breng minimaal 4 liter water aan de kook in een grote pan. Voeg 2 eetlepels zout toe en daarna de pasta. Goed roeren. Kook op hoog vuur, onder regelmatig roeren, tot de pasta al dente is, zacht en toch stevig. Giet de pasta af en meng met de saus. Voeg de mozzarella toe en schep opnieuw om. Serveer onmiddellijk.

Fusilli Met Tonijn En Tomaten

Fusilli al Tonno

Maakt 4 tot 6 porties

Hoe graag ik ook geniet van goede verse, zeldzame gegrilde tonijnsteaks, ik denk dat ik waarschijnlijk nog meer van tonijn in blik houd. Het maakt natuurlijk geweldige sandwiches en salades, maar Italianen hebben er een aantal andere toepassingen voor, zoals in klassieke Vitello Tonnato (Kalfsvlees in Tonijnsaus) voor kalfsvlees, of gevormd tot een paté, of gecombineerd met pasta, zoals koks vaak maken op Sicilië. Gebruik geen tonijn met water voor deze saus. De smaak is te flauw en de textuur te slap. Gebruik voor de beste smaak en textuur een goed merk olijfolie verpakte tonijn uit Italië of Spanje.

3 middelgrote tomaten, in stukjes

1 blik (7-ounce) geïmporteerde Italiaanse of Spaanse tonijn verpakt in olijfolie

10 verse basilicumblaadjes, gehakt

1/2 theelepel gedroogde oregano, verkruimeld

Snufje gemalen rode peper

Zout

1 pond fusilli of rotelle

1.Meng in een grote serveerschaal de tomaten, tonijn met de olie, basilicum, oregano, rode peper en zout naar smaak.

2.Breng minimaal 4 liter water aan de kook in een grote pan. Voeg 2 eetlepels zout toe en daarna de pasta. Goed roeren. Kook op hoog vuur, onder regelmatig roeren, tot de pasta al dente is, zacht en toch stevig. Houd wat van het kookvocht apart. Giet de pasta af.

3.Meng de pasta met de saus. Voeg een beetje van het kookvocht toe als de pasta droog lijkt. Serveer onmiddellijk.

Linguine met Siciliaanse pesto

Linguine al Pesto Trapanese

Maakt 4 tot 6 porties

Pestosaus wordt meestal geassocieerd met Ligurië, maar dat heeft vooral betrekking op de basilicum- en knoflooksoort. Pesto in het Italiaans verwijst naar alles dat wordt gestampt, gehakt of gepureerd, en zo wordt deze saus meestal gemaakt in Trapani, een badplaats in het westen van Sicilië.

Er zit veel smaak in dit gerecht; geen kaas nodig.

½2 kopjes geblancheerde amandelen

2 grote teentjes knoflook

½2 kopjes verpakte verse basilicumblaadjes

Zout en versgemalen zwarte peper

1 pond verse tomaten, gepeld, gezaaid en in stukjes gesneden

⅓ kopjes extra vergine olijfolie

1 pond linguine

1. Meng in een keukenmachine of blender de amandelen, knoflook, basilicum en zout en peper naar smaak. Hak de ingrediënten fijn. Voeg de tomaten en olie toe en verwerk tot een gladde massa.

2. Breng minimaal 4 liter water aan de kook in een grote pan. Voeg 2 eetlepels zout toe en vervolgens de pasta, en duw deze voorzichtig naar beneden totdat de pasta volledig onder water staat. Goed roeren. Kook op hoog vuur, onder regelmatig roeren, tot de pasta al dente is, zacht en toch stevig. Houd wat van het kookvocht apart. Giet de pasta af.

3. Giet de pasta in een grote warme serveerschaal. Voeg de saus toe en schep goed om. Voeg een beetje van het bewaarde pastawater toe als de pasta droog lijkt. Serveer onmiddellijk.

Spaghetti met "Gekke" Pesto

Spaghetti al Pesto Matto

Maakt 4 tot 6 porties

Dit recept is een bewerking van een boekje "The Pleasures of Cooking Pasta", uitgegeven door het pastabedrijf Agnesi in Italië. De recepten zijn ingediend door thuiskoks en de auteur van dit recept heeft waarschijnlijk deze niet-traditionele pesto geïmproviseerd (vandaar de naam).

2 middelgrote rijpe tomaten, gepeld, ontpit en in stukjes gesneden

1/2 kopjes gehakte zwarte olijven

6 basilicumblaadjes, gestapeld en in dunne linten gesneden

1 eetlepel gehakte verse tijm

1/4 kopjes olijfolie

Zout en versgemalen zwarte peper

1 pond spaghetti of linguine

4 ons zachte verse geitenkaas

1. Meng in een grote serveerschaal de tomaten, olijven, basilicum, tijm, olie en zout en peper naar smaak.

2. Breng minimaal 4 liter water aan de kook in een grote pan. Voeg 2 eetlepels zout toe en vervolgens de pasta, en duw deze voorzichtig naar beneden totdat de pasta volledig onder water staat. Goed roeren. Kook op hoog vuur, onder regelmatig roeren, tot de pasta zacht is. Giet de pasta af.

3. Voeg de pasta toe aan de kom met de tomaten en schep goed om. Voeg de geitenkaas toe en schep opnieuw om. Serveer onmiddellijk.

Vlinderdassen met Ongekookte Puttanesca Saus

Farfalle alla Puttanesca

Maakt 4 tot 6 porties

De ingrediënten in deze pastasaus zijn vergelijkbaar met die voorLinguine met Ansjovis en Pittige Tomatensaus, maar de smaak is heel anders, omdat deze saus niet gekookt hoeft te worden.

1 pint cherry- of druiventomaten, gehalveerd

6 tot 8 ansjovisfilets, fijngesneden

1 grote teen knoflook, zeer fijn gesneden

1/2 kopjes ontpit en gehakte Gaeta of andere milde zwarte olijven

1/4 kopjes fijngehakte verse bladpeterselie

2 eetlepels kappertjes, afgespoeld en fijngehakt

1/2 theelepel gedroogde oregano

1/4 kopjes extra vergine olijfolie

Zout naar smaak

Snufje gemalen rode peper

1 pond farfalle of gedroogde fettuccine

1.Meng in een grote serveerschaal de tomaten, ansjovis, knoflook, olijven, peterselie, kappertjes, oregano, olie, zout en rode peper. Laat 1 uur staan bij kamertemperatuur.

2.Breng minimaal 4 liter water aan de kook in een grote pan. Voeg 2 eetlepels zout toe en daarna de pasta. Goed roeren. Kook op hoog vuur, onder regelmatig roeren, tot de pasta zacht is. Houd wat van het kookvocht apart. Giet de pasta af.

3.Meng de pasta met de saus. Voeg een beetje van het kookvocht toe als de pasta droog lijkt. Serveer onmiddellijk.

Pasta Met Rauwe Groenten

Pasta alla Crudaiola

Maakt 4 tot 6 porties

Selderij voegt crunch en citroensap een schone, lichte smaak toe aan deze gemakkelijke zomerse pasta.

2 pond rijpe tomaten, gepeld, gezaaid en in stukjes gesneden

1 teen knoflook, zeer fijn gesneden

1 kop mals bleekselderijribben, in dunne plakjes gesneden

1/2 kopjes basilicumblaadjes, gestapeld en in dunne linten gesneden

1/2 kopje Gaeta of andere milde zwarte olijven, ontpit en gehakt

1/4 kopjes extra vergine olijfolie

1 eetlepel citroensap

Zout en versgemalen zwarte peper

1 pond fusilli of gemelli

1.Doe de tomaten in een grote kom met de knoflook, bleekselderij, basilicum en olijven en schep goed om. Roer de olie, het citroensap en zout en peper naar smaak erdoor.

2.Breng minimaal 4 liter water aan de kook in een grote pan. Voeg 2 eetlepels zout toe en daarna de pasta. Goed roeren. Kook op hoog vuur, onder regelmatig roeren, tot de pasta zacht is. Giet de pasta af en hussel deze dan snel goed door de saus. Serveer onmiddellijk.

"Schiet op" Spaghetti

Spaghetti Sciue' Sciue'

Maakt 4 tot 6 porties

Kleine druiventomaten hebben een grote tomatensmaak en zijn het hele jaar door in het seizoen. Cherrytomaten werken ook goed in dit recept. De Napolitaanse uitdrukking sciue' sciue' (uitgesproken als shoo-ay, shoo-ay) betekent zoiets als 'opschieten', en deze saus is snel te maken.

¼ kopjes olijfolie

3 teentjes knoflook, in dunne plakjes

Snufje gemalen rode peper

3 kopjes druiventomaten of cherrytomaatjes, gehalveerd

Zout

Snufje gedroogde oregano, verkruimeld

1 pond spaghetti

1.Giet de olie in een koekenpan die groot genoeg is voor de gekookte pasta. Voeg de knoflook en rode peper toe. Kook op middelhoog vuur tot de knoflook licht goudbruin is, ongeveer 2 minuten. Voeg de tomaten, zout naar smaak en de oregano toe. Kook, één of twee keer roeren, 10 minuten of tot de tomaten zacht zijn en de sappen iets ingedikt. Zet het vuur uit.

2. Breng minimaal 4 liter water aan de kook in een grote pan. Voeg 2 eetlepels zout toe en vervolgens de pasta, en duw deze voorzichtig naar beneden totdat de pasta volledig onder water staat. Goed roeren. Kook op hoog vuur, onder regelmatig roeren, tot de pasta al dente is, zacht en toch stevig. Giet de pasta af, vang een deel van het kookvocht op.

3. Doe de pasta in de pan met de tomatensaus. Draai het vuur hoog en kook, roer gedurende 1 minuut. Voeg een beetje van het kookvocht toe als de pasta droog lijkt. Serveer onmiddellijk.

"Boos" Penne

Penne all'Arrabbiata

Maakt 4 tot 6 porties

Deze penne in Romeinse stijl wordt "boos" genoemd vanwege de gloeiend hete smaak van de tomatensaus. Gebruik zo veel of zo weinig gemalen rode peper als je wilt. Deze pasta wordt meestal zonder kaas geserveerd.

¼ kopjes olijfolie

4 teentjes knoflook, licht geperst

Gemalen rode peper naar smaak

2 pond verse tomaten, gepeld, gezaaid en in stukjes gesneden, of 1 (28-ounce) blik geïmporteerde Italiaanse gepelde tomaten, uitgelekt en gehakt

2 verse basilicumblaadjes

Zout

1 pond penne

1. Giet de olie in een koekenpan die groot genoeg is om alle pasta in te bewaren. Voeg de knoflook en peper toe en kook tot de

knoflook diep goudbruin is, ongeveer 5 minuten. Verwijder de
knoflook.

2.Voeg de tomaten, basilicum en zout naar smaak toe. Kook 15 tot
20 minuten of tot de saus dik is.

3.Breng minimaal 4 liter water aan de kook in een grote pan. Voeg
2 eetlepels zout toe en daarna de pasta. Goed roeren. Kook op
hoog vuur, onder regelmatig roeren, tot de pasta al dente is,
zacht en toch stevig. Houd wat van het kookvocht apart. Giet de
pasta af.

4.Doe de penne in de pan en roer goed door op hoog vuur. Voeg
een beetje van het kookvocht toe als de pasta droog lijkt. Serveer
onmiddellijk.